Matemática para o Ensino Médio

Caderno de Atividades
1º ano
volume 3

1ª Edição

Manoel Benedito Rodrigues

Editora Policarpo

São Paulo
2020

Digitação, Diagramação : Sueli Cardoso dos Santos - suly.santos@gmail.com
Elizabeth Miranda da Silva - elizabeth.ms2015@gmail.com

www.editorapolicarpo.com.br
contato: contato@editorapolicarpo.com.br

Dados Internacionais de Catalogação, na Publicação (CIP)

(Câmara Brasileira do Livro, SP, Brasil)

Rodrigues, Manoel Benedito.

Matématica / Manoel Benedito Rodrigues.
- São Paulo: Editora Policarpo, **1ª Ed. - 2020**
ISBN: 978-85-7237-018-9
1. Matemática 2. Ensino Médio
I. Rodrigues, Manoel Benedito II. Título.

Índices para catálogo sistemático:

EDITORA POLICARPO LTDA
Rua Dr. Rafael de Barros, 175 - Conj. 01
São Paulo - SP - CEP: 04003-041
Tel./Fax: (11) 3288 - 0895
Tel.: (11) 3284 - 8916

Índice

I	PROGRESSÃO ARITMÉTICA	01
II	PROGRESSÃO GEOMÉTRICA (PG)	24
III	JUROS SIMPLES	63
IV	JUROS COMPOSTOS	79
V	ESTATÍSTICA	95
VI	HIERÃO E APLICAÇÕES	109

I PROGRESSÕES ARITMÉTICAS

Sequências reais

1 – Sequência finita

Definição: Sequência finita é um conjunto ordenado de número reais, finito.

Exemplo:

$$\left(\begin{array}{cccccc} 5; & -2; & \sqrt{2}; & \frac{1}{3}; & 2{,}4; & \pi \\ \uparrow & \uparrow & \uparrow & \uparrow & \uparrow & \uparrow \\ a_1 & a_2 & a_3 & a_4 & a_5 & a_6 \end{array}\right)$$

é uma sequência finita com 6 elementos **(n = 6)**.

O seu primeiro termo é $\mathbf{a_1 = 5}$. O segundo é $\mathbf{a_2 = -2}$ e assim por diante. Seu último termo é $\mathbf{a_6} = \pi$.

O índice da letra **a** indica a posição do termo no conjunto ordenado.

Para se fazer o gráfico cartesiano dessa sequência basta representar num Plano Cartesiano os pares ordenados

$$\begin{array}{ccccccccccc} (1;5) & , & (2;-2) & , & (3;\sqrt{2}) & , & \left(4;\frac{1}{3}\right) & , & (5;\ 2{,}4) & \text{e} & (6;\pi) \\ \uparrow & & \uparrow & & \uparrow & & \uparrow & & \uparrow & & \uparrow \\ a_1 & & a_2 & & a_3 & & a_4 & & a_5 & & a_6 \end{array}$$

2 – Sequência infinita

Definição: Sequência infinita é um conjunto ordenado de números reais, com infinitos elementos.

Exemplo:

$$\begin{array}{l} (\ 3,\ 5,\ 7,\ 9,\ 11, \ldots, a_{n-1},\ a_n,\ a_{n+1}, \ldots) \\ \ \ \uparrow\ \ \uparrow\ \ \uparrow\ \ \uparrow\ \ \ \uparrow \\ \ \ a_1\ a_2\ a_3\ a_4\ \ a_5 \end{array}$$

Costumamos indicar por $\mathbf{a_n}$ um termo genérico de uma sequência. A sequência acima não tem último termo (há infinitos termos).

Note que, no exemplo acima, conseguimos escrever os termos seguintes mantendo a **lei de formação** da sequência: $a_6 = 13$, $a_7 = 15$, etc... (números ímpares em seguida).

Indicamos, também:

$\mathbf{a_{n-1}} \longrightarrow$ antecessor de a_n

$\mathbf{a_{n+1}} \longrightarrow$ sucessor de a_n

3 – Leis de formação de uma sequência

Geralmente definimos uma sequência através de uma lei de formação. Aqui apresentaremos dois tipos de leis de formação muito usadas na definição de sequências: as **leis de recorrência** e as leis de **posição.**

4 – Leis de recorrência

Nas leis de recorrência, definimos o primeiro termo (a_1) e, a seguir, damos uma regra que permita achar qualquer termo (a_n) a partir do seu antecessor (a_{n-1}).

Exemplos:

a) Seja a sequência f definida pela seguinte lei de recorrência:

$$\begin{cases} a_1 = 4 \\ a_n = 2 \cdot a_{n-1} - 3 \end{cases} \quad \text{para } n \in N \mid 2 \leqslant n \leqslant 4$$

Neste caso, temos:

para $n = 2 \Rightarrow a_2 = 2 \cdot a_1 - 3 = 2 \cdot 4 - 3 = 5$

para $n = 3 \Rightarrow a_3 = 2 \cdot a_2 - 3 = 2 \cdot 5 - 3 = 7$

para $n = 4 \Rightarrow a_4 = 2 \cdot a_3 - 3 = 2 \cdot 7 - 3 = 11$

Portanto, esta sequência pode ser escrita assim:

f = (4, 5, 7, 11)

Observações:

1ª) Esta sequência é finita e seu número de elementos é n = 4 (seu último termo é $a_4 = 11$)

2ª) Nas leis de recorrência, determinamos o 2º termo a partir de 1º, o 3º a partir do 2º e assim por diante.

b) Seja a sequência f seguinte: $\begin{cases} a_1 = 2 \\ a_n = 3 \cdot (a_{n-1} - 2) \end{cases}$

para $n \in N \mid n \geqslant 2$

Assim, temos:

para $n = 2 \Rightarrow a_2 = 3(a_1 - 2) = 3(2 - 2) = 0$

para $n = 3 \Rightarrow a_3 = 3(a_2 - 2) = 3(0 - 2) = -6$

para $n = 4 \Rightarrow a_4 = 3(a_3 - 2) = 3(-6 - 2) = -24$

para $n = 5 \Rightarrow a_5 = 3(a_4 - 2) = 3(-24 - 2) = -78$

f = (2, 0, – 6, – 24, – 78, ...)

Observação

Esta sequência é infinita e, portanto, não tem último elemento.

5 – Leis de posição

Numa sequência definida por uma lei de posição, podemos determinar qualquer termo a partir de sua posição na sequência, ou seja, é uma lei que determina o termo $\mathbf{a_n}$ em função **n**.

Exemplos:

a) $a_n = \dfrac{n+1}{n}$ para $n \in N^*$

Para obtemos os elementos da sequência, atribuímos valores a **n**:

$$\text{para } n=1 \Rightarrow a_1 = \frac{1+1}{1} = 2$$

$$\text{para } n=2 \Rightarrow a_2 = \frac{2+1}{2} = \frac{3}{2}$$

$$\text{para } n=3 \Rightarrow a_3 = \frac{3+1}{3} = \frac{4}{3}$$

$$\text{para } n=4 \Rightarrow a_4 = \frac{4+1}{4} = \frac{5}{4}$$

Observe que nas leis de posição podemos determinar um termo qualquer sem conhecer o seu antecessor (como acontece nas leis de recorrência). Vamos, por exemplo, determinar o 9º termo dessa sequência:

para para $n = 9 \Rightarrow a_9 = \dfrac{9+1}{9} = \dfrac{10}{9}$

Assim, temos:

$$f = \left(2, \frac{3}{2}, \frac{4}{3}, \frac{5}{4}, \ldots, \frac{10}{9}, \ldots\right)$$

a_1 (↗ 2), a_2 (↑ $\frac{3}{2}$), a_9 (↑ $\frac{10}{9}$)

b) Seja a sequência f definida pela lei:

$a_n = 3n - 7$ para $n = 1, 2, 3, 4, 5, 6$.

para $n = 1 \Rightarrow a_1 = 3 \cdot 1 - 7 = -4$

para $n = 2 \Rightarrow a_2 = 3 \cdot 2 - 7 = -1$

para $n = 3 \Rightarrow a_3 = 3 \cdot 3 - 7 = 2$

para $n = 4 \Rightarrow a_4 = 3 \cdot 4 - 7 = 5$

para $n = 5 \Rightarrow a_5 = 3 \cdot 5 - 7 = 8$

para $n = 6 \Rightarrow a_6 = 3 \cdot 6 - 7 = 11$

Portanto, a sequência f que é finita, pode ser escrita assim $f = (-4, -1, 2, 5, 8, 11)$

Observações:

(1ª) O número de termos desta sequência é $n = 6$.

(2ª) Numa sequência finita, o primeiro e o último termos são chamados de **extremos** e os demais termos são chamados de **meios**. No exemplo acima os extremos são $a_1 = -4$ e $a_6 = 11$ e os meios dessa sequência são $a_2 = -1$, $a_3 = 2$, $a_4 = 5$ e $a_5 = 8$.

(3ª) Duas sequência são iguais se, e somente se, forem funções iguais. Observe os exemplos:

(1, 4, 5) = (1, 4, 5)

(1, 4, 5) ≠ (4, 1, 5) (não estão na mesma ordem)

(1, 4, 5) ≠ (1, 2, 5) (não têm os mesmos elementos)

2 – Progressão Aritmética (PA)

Chama-se **Progressão Aritmética (PA)** a uma sequência(finita ou infinita) em que qualquer termo (a partir do segundo) menos o seu antecessor tem resultado constante: essa constante se chama **razão (r) da PA.**

Exemplos:

a) P. A. = (7, 10, 13, 16, 19, 22,...)

$a_2 - a_1 = a_3 - a_2 = a_4 - a_3 = ... = 3 = r =$ razão da PA (PA crescente)

b) P. A. = (13, 8, 3, – 2, – 7, – 12, ...)

$a_2 - a_1 = a_3 - a_2 = a_4 - a_3 = ... = -5 = r$ (PA decrescente)

c) P. A. = (– 4, – 4, – 4, – 4, ...)

$a_2 - a_1 = a_3 - a_2 = ... = 0 = r$ (PA constante)

A – Definição

Progressão Aritmética (PA) é toda sequência definida pela seguinte lei de

recorrência: $\begin{cases} a_1 = \alpha \\ a_n = a_{n-1} + r, n \in N | n \geq 2 \end{cases}$

onde α e **r** são constantes reais dadas e que determinam a PA.

Observação: em estudo posterior é possível definir PA no conjunto C dos números complexos.

Nos três exemplos anteriores, temos:

a) $\begin{cases} a_1 = 7 = \text{ primeira termo de PA} \\ r = 3 = \text{ razão da PA} \end{cases}$ b) $\begin{cases} a_1 = 13 \\ r = -5 \end{cases}$ c) $\begin{cases} a_1 = -4 \\ r = 0 \end{cases}$

ou seja, uma PA fica definida quando são dados o seu **primeiro termo (a_1) e sua razão (r)**.

De modo geral, numa PA definida pelas constantes reais a_1 e r, temos:

$$PA = \left(a_1, \underbrace{a_1 + r}_{a_2}, \underbrace{a_1 + 2r}_{a_3}, \underbrace{a_1 + 3r}_{a_4}, \underbrace{a_1 + 4r}_{a_5} ... \right)$$

B – Fórmula do Termo Geral da PA

Na PA com **primeiro termo a_1** e **razão r**, temos:

$$PA = (a_1, a_2, a_3, a_4, ..., a_n, ...)$$

O termo geral a_n (enésimo termo da PA) é dado pela expressão

$$\boxed{a_n = a_1 + (n-1) \cdot r} \qquad (\mathbf{n} \in \mathbf{N}^*)$$

a_1 = primeiro termo

r = razão

n= posição de a_n na PA (índice de a_n)

a_n = valor do enésimo termo da PA

Observe como se chega nesta fórmula por indução vulgar:

$$PA = (a_1, a_2, a_3, a_4, a_5, ..., a_{n-1}, a_n, ...)$$

+r +r +r +r +r

$a_2 = a_1 + r$

$a_3 = a_1 + r + r = a_1 + 2r$ (3 – 1)

$a_4 = a_1 + r + r + r = a_1 + 3r$ (4 – 1)

$a_5 = a_1 + r + r + r + r = a_1 + 4r$ (5 – 1)

Portanto: $a_n = a_1 + \mathbf{(n-1)} \cdot r$

Observação: demonstra-se que esta fórmula vale para qualquer me $\mathbb{N}^*$ usando-se o **Princípio da Indução Finita (PIF)**.

2) Propriedades da PA

(1ª) Numa PA finita com **n** termos, a **soma de dois termos** quaisquer **equidistantes dos extremos** é constante e sempre igual a $\mathbf{a_1 + a_n}$.

Observe:

$$\mathbf{PA = (a_1, a_2, a_3, ..., a_{n-2}, a_{n-1}, a_n)}$$

$$a_1 + a_n = a_2 + a_{n-1} = a_3 + a_{n-2} = ...$$

Exemplo:

$$\mathbf{PA = (3, 5, 7, 9, 11, 13)}$$

$$3 + 13 = 5 + 11 = 7 + 9$$

(2ª) Tomando-se quaisquer **três termos consecutivos** de uma PA (finita ou infinita), o **termo do meio** é a **média aritmética** dos outros dois.

Observe:

$$\mathbf{PA = (a_1, a_2, ... a_{n-1}, a_n, a_{n+1}, ...)}$$

$$a_n = \frac{a_{n-1} + a_{n+1}}{2}$$

Exemplo:

$$\mathbf{PA = (1, 4, 7, 10, 13, 16, 19, 22, 25,...)}$$

$$7 = \frac{4 + 10}{2} \qquad 19 = \frac{22 + 16}{2}$$

Demonstração

Por definição, sabemos que

$$\left.\begin{matrix} a_n - a_n - 1 = r \\ a_{n+1} - a_n = r \end{matrix}\right\} \Rightarrow a_n - a_{n-1} = a_{n+1} - a_n \Rightarrow 2a_n = a_{n-1} + a_{n+1} \Rightarrow$$

$\Rightarrow a_n = \dfrac{a_{n-1} + a_{n+1}}{2}$ e, desta maneira, está demonstrada a propriedade.

Observação: Esta propriedade pode, de modo mais amplo, ser escrita do seguinte modo:

$$PA = (a_1, a_2, a_3, ..., a_{n-k}, ..., a_n, ..., a_{n+k}, ...)$$

$\Rightarrow a_n = \dfrac{a_{n-k} + a_{n+k}}{2}$ onde a_{n-k} e a_{n+k} são dois termos quaisquer da PA equidistantes de a_n.

(3ª) Dada a PA = (a_1, a_2, a_3, ..., a_p, ..., a_q, ...), onde a_p e a_q são dois termos quaisquer, é válida a seguinte propriedade:

$$a_q = a_p + (q - p) \cdot r$$

Exemplo:

$$\text{PA} = (-6, -4, -2, 0, 2, 4, 6, 8, 10, ...)$$
$$a_1 \quad a_2 \quad a_3 \quad a_4 \quad a_5 \quad a_6 \quad a_7 \quad a_8 \quad a_9$$

razão = r = 2

$$a_9 = a_3 + (9 - 3) \cdot 2$$

$$a_9 = -2 + 6 \cdot 2 = -2 + 12 = 10$$

Demonstração

Subtraindo membro a membro as igualdades

$$\begin{aligned} a_q &= a_1 + (q - 1) \cdot r \\ - \quad a_p &= a_1 + (p - 1) \cdot r \\ \hline a_q - a_p &= [(q - 1) - (p - 1)] \cdot r \end{aligned}$$

e, portanto, $a_q = a_p + (q - p) \cdot r$

1 Seja a sequência infinita $a_n = 20 - 3n$, $n \in \mathbb{N}^*$. Nessas condições, determine:

a) a_6 e a_5

Resolução: $\mathbf{a_n = 20 - 3n}$

$n = 6 \Rightarrow a_6 = 20 - 3 \cdot 6 = 20 - 18 = 2$

$n = 5 \Rightarrow a_5 = 20 - 3 \cdot 5 = 20 - 15 = 5$

b) a_k e a_{k+1} $(k \in \mathbb{N}^*)$

$n = k \Rightarrow \mathbf{a_k = 20 - 3k}$

$n = k + 1 \Rightarrow a_{k+1} = 20 - 3(k + 1) = 20 - 3k - 3 = \mathbf{17 - 3k}$

c) $a_6 - a_5 = 2 - 5 = \mathbf{-3}$

d) $a_{k+1} - a_k = (17 - 3k) - (20 - 3k) = 17 - 3k - 20 + 3k = \mathbf{-3}$

(Note que a diferença entre dois termos consecutivos é constante)

2 Determine o termo central (termo médio) da sequência finita definida pela lei de recorrência

$$\begin{cases} a_1 = 1 \\ a_2 = 1 \\ \mathbf{a_n = a_{n-2} + a_{n-1}} \quad \text{para } n \in \mathbb{N} \mid 3 \leq n \leq 9. \end{cases}$$

Resolução:

$$\underset{\text{Termo central}}{\downarrow}$$

$$\left(\underbrace{a_1,\ a_2,\ a_3,\ a_4}_{4 \text{ termos}},\ a_5,\ \underbrace{a_6,\ a_7,\ a_8,\ a_9}_{4 \text{ termos}}\right)$$

(9 – 1) termos = 8, sendo 4 termos antes e 4 depois do **termo central** que é o $\mathbf{a_5}$.

para $n = 3 \Rightarrow a_3 = a_1 + a_2 = 1 + 1 = 2$

$n = 4 \Rightarrow a_4 = a_2 + a_3 = 1 + 2 = 3$

$n = 5 \Rightarrow a_5 = a_3 + a_4 = 2 + 3 = 5$

Resposta: o termo central é $\mathbf{a_5 = 5}$

---

3 Determine o último termo das seguintes sequência, definidas por **leis de recorrência:**

a) $\begin{cases} a_1 = 3 \\ a_n = a_{n-1} + 2 \text{ para } n \in \mathbb{N} \mid 2 \leqslant n \leqslant 5. \end{cases}$

---

b) $\begin{cases} a_1 = \dfrac{1}{4} \\ a_n = (-2) \cdot a_{n-1} \text{ para } n = 2, 3, \ldots, 7. \end{cases}$

---

c) $\begin{cases} a_1 = \dfrac{1}{3} \\ a_n = 1 - 3 \cdot a_{n-1} \text{ para } n = 2, 3, 4. \end{cases}$

4 Escreva os quatro primeiros termos das seguintes sequências infinitas, definidas por **leis de posição:**

a) $a_n = 2 \cdot 3^{3-n}, n \in N^*$

b) $a_n = 12 - 4n, n \in N^*$

c) $a_n = (-1)^n \cdot n^2 + 3, \; n \in N^*$

d) $a_n = \frac{n}{2^{n-1}}, \; n \in N^*$

5 Sendo $a_n = 3 \cdot 5^{4-n}, \; n \in N^*$, calcule:

a) $\frac{a_3}{a_2}$

b) $\frac{a_k}{a_{k-1}}$

c) $\frac{a_{k-1}}{a_{k+1}}$ (Obs: $k \in N | \; k \geqslant 2$)

6 Determine o termo central da sequência definida pela lei:

$a_n = 3 + \frac{n}{2}$ para $n \in N | \; 1 \leqslant n \leqslant 107$.

> **Dica:** (a_1, a_2, ..., termo central, ..., a_{107})
> (107 termos) – (termo central) = 106 termos ; metade antes e metade depois.

7 Escreva uma **lei de posição** que defina cada uma das sequências seguintes:

a) (3, 6, 9, 12, 15, 18, ...)

b) (0, 1, 2, 3, 4, 5, ...)

c) (1, 4, 9, 16, 25, 36, ...)

d) (2, 4, 8, 16, 32, 64, ...)

e) (2, 8, 26, 80, 242, ...)

f) $\left(1, \frac{1}{3}, \frac{1}{5}, \frac{1}{7}, \frac{1}{9}, \frac{1}{11}, \ldots\right)$

8 Dada a PA $=(1, 9, 17, 25, 33, 41)$, determine:

> **Lembre-se:** $c = \frac{a+b}{2}$ é a média aritmética dos números a e b

a) a razão dessa PA (r).	b) o seu número de termos (n).
c) a média aritmética de a_1 e a_3.	d) a média aritmética de a_4 e a_6.

9 Dada a PA $= (21, 8, -5, -18, -31, -44, -57)$, determine:

a) a razão	b) o número de termos.	c) $a_1 + a_7$
d) $a_2 + a_6$	e) $a_3 + a_5$	f) $2a_4$

10 Escrever os 6 primeiros termos da PA infinita nos casos:

a) $a_1 = 5, r = 7$	b) $a_1 = -18, r = 6$	c) $a_1 = 10, r = -5$
d) $a_1 = \frac{1}{2}, r = \frac{1}{2}$	e) $a_4 = 11, r = 4$	f) $a_5 = 17, a_8 = 35$

11 Dada a PA $=\left(\frac{1}{4}, \frac{5}{12}, \frac{7}{12}, \frac{3}{4}, \frac{11}{12}, \frac{13}{12}, \frac{5}{4}, ...\right)$, determine:

a) a razão	b) $\frac{a_3 + a_5}{2}$
c) $\frac{a_2 + a_6}{2}$	d) $\frac{a_1 + a_7}{2}$

12 Usando a fórmula do termo geral da PA, calcule o 12º termo da PA $=(-25, -18,...)$.

Resolução: PA $=(-25, -18,...)$

$r = a_2 - a_1 = -18 - (-25) = -18 + 25 = 7$

$a_n = a_1 + (n-1) \cdot r$

$n = 12 \Rightarrow a_{12} = -25 + (12-1) \cdot 7 = -25 + 11 \cdot 7 = -25 + 77 = 52$

Resolução: $a_{12} = 52$

13 Usando a fórmula do termo geral da PA, calcule o número de termos de uma PA finita em que o primeiro termo é $\frac{17}{6}$, o último é $-\frac{19}{6}$ e a razão é $-\frac{3}{4}$.

14 Determine o primeiro termo da PA em que $a_{18} = -53$ e a razão $r = -3$.

---

15 Determine a razão da PA $= \left(\frac{3}{10}, ..., \frac{9}{2}\right)$ sabendo que ela tem 22 termos.

---

16 Determinar o número de múltiplos de

a) 5 que estão entre 129 e 338.

Resolução: Os múltiplos de 5 (positivos) formam uma

PA de razão 5 → (5 , 10 , 15 , ... , 125 , **130** , 135, ... **335** , 340, ...)

r = 5

129 ↑ 125 ; $\mathbf{a_1}$ ↑ 130 ; $\mathbf{a_n}$ ↑ 335 ; **338** ↑ 340

Portanto, $a_n = a_1 + (n-1) \cdot r$

$335 = 130 + (n-1) \cdot 5 \Rightarrow$

$\Rightarrow 335 - 130 = 5n - 5 \Rightarrow 205 + 5 = 5n \Rightarrow n = \frac{210}{5} = 42$

Resp: Há 42 múltiplos de 5 nesse intervalo

---

b) 7 que estão entre 401 1775.

---

c) 21 que estão entre 432 e 2582.

Resp: **3** a) $a_5 = 11$ b) $a_7 = 16$ c) $a_4 = -2$ d) $\left(1, 1, \frac{3}{4}, \frac{1}{2}, ...\right)$ **4** a) $\left(18, 6, 2, \frac{2}{3}, ...\right)$ b) (8, 4, 0, – 4, ...) c) (2, 7, – 6, 19, ...) **5** a) $\frac{1}{5}$ b) $\frac{1}{5}$ c) 25 **6** $a_{54} = 30$ **7** a) $a_n = 3n$ b) $a_n = n - 1$ c) $a_n = n^2$ d) $a_n = 2^n$ e) $a_n = 3^n - 1$ f) $a_n = \frac{1}{2n-1}$

17 Verifique se o número 1189 é termo da PA nos casos:

a) (– 5, 1, 7, ...)

b) (– 6, – 2, ...)

c) (1734, 1729, ...)

18 Determinar quantos números há entre 100 e 500, nos casos:

a) Que divididos por 5 deixam resto 3.

b) Que divididos por 7 deixam resto 5.

c) Que divididos por 11 deixam resto 4.

Soma dos n primeiros termos da PA

Dada a PA

$(a_1, a_2, a_3, \dots, a_n, \dots)$

vamos, neste item, deduzir uma fórmula que nos permite calcular a soma

$S_n = a_1 + a_2 + a_3 + \dots + a_n$

Assim, somando membro a membro as igualdades

$$+\begin{cases} S_n = a_1 + a_2 + a_3 + \dots + a_{n-2} + a_{n-1} + a_n \\ S_n = a_n + a_{n-1} + a_{n-2} \dots + a_3 + a_2 + a_1 \end{cases}$$

$$\text{(I)}\ 2S_n = (a_1 + a_n) + (a_2 + a_{n-1}) + (a_3 + a_{n-2}) + \dots + (a_{n-2} + a_3) + (a_{n-1} + a_2) + (a_n + a_1)$$

Mas, pela 1ª propriedade das Progressões Aritméticas sabemos que

$a_1 + a_n = a_2 + a_{n-1} = a_3 + a_{n-2} = \dots = a_k + a_{n-k+1}$ e, substituindo na expressão (I), temos: $2S_n = (a_1 + a_n) + (a_1 + a_n) + \dots + (a_1 + a_n)$

e, portanto, $2S_n = n(a_1 + a_n)$ e, finalmente, $\boxed{S_n = \dfrac{n(a_1 + a_n)}{2}}$

que é a fórmula da soma dos n primeiros termos da PA.

Observação: Por convenção, quando $n = 1$ adotaremos $S_1 = a_1$. Assim sendo, teremos: $S_1 = a_1$, $S_2 = a_1 + a_2$, $S_3 = a_1 + a_2 + a_3$, $S_4 = a_1 + a_2 + a_3 + a_4$ e assim por diante.

Interpolação Aritmética

Dados dois números reais α e β, nesta ordem, interpolar (ou inserir) **m meios aritméticos** entre α e β significa escrever a PA finita em que:

$a_1 = \alpha$ (primeiro termo)

$a_n = \beta$ (último termo)

$n = m + 2$ (número de termos), ou seja:

$$PA = \left(\alpha, \underbrace{a_2, a_3, \dots, a_{n-1}}_{\text{m termos}}, \beta\right)$$

Observação: Obviamente, para obter tal PA, basta determinar o valor da sua razão (r).

Resp: **8** a) $r = 8$ b) $n = 6$ c) $\frac{a_1 + a_3}{2} = 9 = a_2$ d) $\frac{a_4 + a_6}{2} = 9 = a_5$ **9** a) $r = -13$ b) $n = 7$ c) -36 d) -36 e) -36 f) -36 **10** a) (5, 12, 19, 26, 33, 40, ...) b) (– 18, – 12, – 6, 0, 6, 12, ...) c) (10, 5, 0, – 5, – 10, – 15, ...) d) $\left(\frac{1}{2}, 1, \frac{3}{2}, 2, \frac{5}{2}, 3, \dots\right)$ e) (– 1, 3, 7, 11, 15, 19, ...) f) (– 7, – 1, 5, 11, 17, 23, ...) **11** a) $r = \frac{1}{6}$ b) $\frac{3}{4} = a_4$ c) $\frac{3}{4} = a_4$ d) $\frac{3}{4} = a_4$ **12** $a_{12} = 52$ **13** $n = 9$ **14** $a_1 = -2$ **15** $r = \frac{1}{5}$ **16** a) 42 b) 196 c) 102

19 Determine a soma dos termos da PA finita (–1, – 7, ..., – 61)

Resolução: PA = (– 1, – 7, ..., – 61)

O enunciado pede $\mathbf{S_n = \dfrac{(a_1 + a_n) \cdot n}{2}}$ e já conhecemos $a_1 = -1$, $a_n = -61$ e a razão $r = a_2 - a_1 =$ $= (-7) - (-1) = -7 + 1 = -6$.

Precisamos achar o valor de n

$$a_n = a_1 + (n-1) \cdot r \Rightarrow -61 = -1 + (n-1) \cdot (-6)$$

$$\Rightarrow -61 + 1 = -6n + 6 \Rightarrow 6n = 66 \Rightarrow \mathbf{n = 11}$$

Voltando à soma $S_n = \dfrac{(a_1 + a_n) \cdot n}{2} \Rightarrow S_{11} = \dfrac{[(-1) + (-61)] \cdot 11}{2} =$

$$= \frac{[-\cancel{62}] \cdot 11}{\cancel{2}} = (-31) \cdot 11 = -341$$

Ressposta: $S_{11} = -341$

---

20 Determine a soma dos 15 primeiros termos da PA que tem $a_1 = -35$ e $a_{15} = 21$.

---

21 Calcule a soma dos 17 primeiros termos da PA = (12, 17, ...).

---

22 Determine a soma dos termos da PA finita de razão r = – 2, sabendo que seu último termo é $a_{22} = -13$.

23 Determine o primeiro e o último termos de uma PA finita com 14 termos, sabendo que $S_{14} = -476$ e $r = -8$.

---

24 Calcule o número de termos e o valor do último termo da PA finita $(-21, -18, \ldots, a_n)$, sabendo que a soma de seus termos é $S_n = -75$.

---

25 Numa PA finita, o último termo é – 13, a razão é – 4 e a soma dos seus termos é 8. Nessas condições, determine o primeiro termo e o número de termos dessa PA.

Resolução: São dados $\mathbf{a_n = -13, \quad r = -4, \quad S_n = 8}$

Fórmula do Termo geral: $\mathbf{a_n = a_1 + (n-1) \cdot r} \Rightarrow -13 = a_1 + (n-1) \cdot (-4)$

$\Rightarrow -13 = a_1 - 4n + 4 \Rightarrow \boxed{a_1 = 4n - 17}$ (I)

Fórmula da Soma da PA: $S_n = \dfrac{(a_1 + a_n) \cdot n}{2} \Rightarrow \boxed{8 = \dfrac{(a_1 - 13) \cdot n}{2}}$ (II)

Susbtituindo (I) em (II), temos: $8 = \dfrac{[(4n-17)-13] \cdot n}{2} \Rightarrow$

$\Rightarrow 16 = [4n - 30] \cdot n \Rightarrow 4n^2 - 30n - 16 = 0 \xrightarrow{:2} 2n^2 - 15n - 8 = 0$

Usando a Fórmula de Báskara: $n = \dfrac{-(-15) \pm \sqrt{\Delta}}{2 \cdot 2}$

$\Delta = (-15)^2 - 4 \cdot 2 \cdot (-8) = 225 + 64 = 289 \Rightarrow n = \dfrac{15 \pm 17}{4}$

$\rightarrow n' = \dfrac{15+17}{4} = 8$

$\rightarrow n'' = \dfrac{15-17}{4} = \dfrac{-2}{4} = \dfrac{-1}{2}$

Como $n \in N^* \Rightarrow \mathbf{n = 8}$. Substituindo em (I), temos:

$\Rightarrow a_1 = 4 \cdot 8 - 17 \Rightarrow \mathbf{a_1 = 15}$

Resposta: n = 8 e $\mathbf{a_1 = 15}$

Resp: **17** a) É o 200º termo b) Não é termo da PA c) É o 110º termo **18** a) 80 b) 57 c) 37

26 Em cada um dos casos seguintes, determinar a razão da PA, sabendo-se que:

a) a PA é finita, $a_1 = 18$, o último termo é $a_n = -12$ e a soma dos termos é $S_n = 93$.

---

b) $a_1 = \frac{1}{4}$ e $S_{19} = \frac{475}{4}$.

---

c) a PA tem 27 termos, seu último termo é 3 e a soma dos termos é 81.

---

27 Determine a razão da PA em que $a_3 = -33$ e $a_9 = 39$.

Resolução: $\mathbf{a_3 = -33}$ e $\mathbf{a_9 = 39}$ .Da 3ª propriedade da PA sabemos que $\mathbf{a_p = a_q + (p - q) \cdot r}$,

ou seja, $a_9 = a_3 + (9 - 3) \cdot r \Rightarrow 39 = -33 + 6 \cdot r \Rightarrow 6r = 72$ $\mathbf{r = 12}$

Resposta: r = 12

---

28 Determine o 22º termo da PA em que $a_4 = 5$ e $r = -\frac{5}{6}$

29 Sabendo que, numa PA, a razão é $r = \frac{1}{3}$ e $a_{26} = 7$, determinar o quinto termo.

---

30 Sabe-se que, numa PA infinita,

$\begin{cases} a_3 - a_5 + a_6 = -5 \\ a_{12} + a_6 = 10 \end{cases}$. Nessas condições, determine a PA.

---

31 Determine o valor de x na PA = (x – 2, 3x – 1, 18 – x) e, a seguir, escreva a PA.

Resolução: $PA = (\underbrace{x-2}_{a_1},\ \underbrace{3x-1}_{a_2},\ \underbrace{18-x}_{a_3})$

Pela 2ª propriedade da PA sabemos que $a_2 = \frac{a_1 + a_3}{2} \Rightarrow 3x - 1 = \frac{(x-2)+(18-x)}{2}$

$\Rightarrow 6x - 2 = 16 \Rightarrow 6x = 18 \Rightarrow \mathbf{x = 3}$

Resp.: x = 3 e PA = (1, 8, 15)

---

32 a) Calcule **x** de modo que os números **3(x – a) + 1, x – a** e **a + 2x – 7** estejam em PA, sabendo que **a** é um número real dado.

---

b) Determine a razão dessa PA.

---

33 Determine a soma dos termos de uma PA de 15 termos sabendo que a soma dos extremos dessa PA é 6.

Resolução: $PA = (a_1, a_2, ..., a_{14}, a_{15})$. Dado $a_1 + a_{15} = 16$

O enunciado pede S_{15}. Sabemos que $\mathbf{S_n = \frac{(a_1 + a_n) \cdot n}{2}}$

Então: $S_{15} = \frac{\overbrace{(a_1 + a_{15})}^{6} \cdot 15}{2} \Rightarrow S_{15} = \frac{6 \cdot 15}{2} = 45$

Resp.: S_{15} = 45

Resp: **20** $S_{15} = -105$ **21** $S_{17} = 884$ **22** $S_{22} = 176$ **23** $a_1 = 18$, $a_{14} = -86$ **24** $n = 5$ e $a_5 = -9$ ou $n = 10$ e $a_{10} = 6$

34 Numa PA com 37 termos, sabe-se que $a_8 + a_{30} = 20$. Determine a soma dos termos dessa PA. (Sugestão: utilize a 1ª propriedade da PA).

---

35 A soma dos **n** primeiros termos de uma PA é dada pela expressão $S_n = \dfrac{7n^2 + 13n}{2}$, $n \in N^*$. Escreva tal PA.

Resolução: É dado que $S_n = \dfrac{7n^2 + 13n}{2} \, (n \in \mathbb{N}^*) \, (I)$

Sabemos que: $S_1 = a_1 \; (n = 1)$

$S_2 = a_1 + a_2 \; (n = 2)$

$S_3 = a_1 + a_2 + a_3 \; (n = 3)$ e assim por diante.

Fazendo **n = 1** em **(I)**, temos: $S_1 = \dfrac{7 \cdot 1 + 13 \cdot 1}{2} = \mathbf{10 = a_1}$

Fazendo **n = 2** em **(I)**: $S_2 = \dfrac{28 + 26}{2} = 27 = \mathbf{a_1 + a_2}$

$\Rightarrow 27 = 10 + a_2 \Rightarrow \mathbf{a_2 = 17} \Rightarrow$ **razão = r =** $\mathbf{a_2 - a_1 = 7}$

Resp.: PA = (10, 17, 24, 31, ...)

---

36 Determine a PA em que a soma de seus **n** primeiros termos é dada pela expressão $S_n = \dfrac{13n - 4n^2}{10}$, $n \in N^*$.

---

37 Determine três números em PA sabendo que a sua soma é igual a 3 e a soma dos seus quadrados é igual a 35.

Resolução: Dica importante: frequentemente, numa PA de três termos, é útil escrevê-la na forma $PA = (\underbrace{x - r}_{a_1}, \underbrace{x}_{a_2}, \underbrace{x + r}_{a_3})$. Do enunciado:

$a_1 + a_2 + a_3 = 3 \Rightarrow x - \overline{r + x + x + r} = 3 \Rightarrow 3x = 3 \Rightarrow \mathbf{x = 1}$. E também:

$(a_1)^2 + (a_2)^2 + (a_3)^2 = 35 \Rightarrow (1 - r)^2 + 1^2 + (1 + r)^2 = 35 \Rightarrow$

$1 - 2r + r^2 + 1 + 1 + 2r + r^2 = 35 \Rightarrow 2r^2 = 32 \Rightarrow r^2 = 16 \Rightarrow r = \pm 4$

Resp.: Para r = 4 ⇒ PA = (– 3, 1, 5)

Para r = – 4 ⇒ PA = (5, 1, – 3)

38 Determine uma PA de 5 termos sabendo que a soma dos seus termos vale 10 e que $a_2 \cdot a_5 = -36$.

39 a) Interpolar (inserir) 6 meios aritméticos entre 4 e 53.

Resolução: $PA = (\underbrace{4}_{a_1}, \overbrace{\ \dots\ }^{6\ \text{meios}}, \underbrace{53}_{a_8})$

Portanto: $a_1 = 4$, $n = 6 + 2 = 8$, $a_8 = 53$

Fórmula do termo geral: $a_n = a_1 + (n - 1) \cdot r \Rightarrow$

$\Rightarrow a_8 = a_1 + (8 - 1) \cdot r \Rightarrow 53 = 4 + 7r \Rightarrow 7r = 49 \Rightarrow$ $\mathbf{r = 7}$

Resp.: PA = (4, 11, 18, 25, 32, 39, 46, 53)

b) Interpolar 3 meios aritméticos entre 35 e -13.

40 Em cada caso, quantos meios aritméticos devemos inserir entre **100** e **25** de modo que resulte numa PA com razão:

a) $r = -3$?

b) $r = 15$?

c) $r = -4$?

Resp: **26** a) -1 b) $\frac{2}{3}$ c) 0 **28** $a_{22} = -10$ **29** $a_5 = 0$ **30** $(-11, -9, \dots)$ **32** a) $x = 2$ b) $r = 2a - 5$

41 Quantos meios artiméticos devemos inserir entre 4 e 19 de modo que resulte numa PA de razão $r = \frac{3}{4}$?

---

42 Resolver as equações:

a) $x - 1 + x + 3 + x + 7 + ... + x + 39 = 528$

---

b) $2x + 20 + 5x + 15 + ... + 35x - 35 + 38x = 3290$

---

43 Determinar o número natural n, o maior possível, para o qual a soma dos n primeiros termos da PA = $(-30, -23, ...)$ seja menor que 1200.

---

44 Determinar o número de termos da PA nos casos:

a) o primeiro termo é -4, o último é 128 e a razão é igual ao número de termos.

---

b) o primeiro termo, a razão e o número de termos são iguais e o último termo é 225.

45 A base menor, a altura e a base maior de um trapézio retângulo formam nesta ordem uma PA de **razão 2**. Sendo **5 m** a medida do lado oblíquo às bases, determine a área trapézio.

46 A área de um triângulo, cujos lados estão PA de razão 2, é $15\sqrt{7}\ m^2$. Determine os lados deste triângulo.

47 Os lados de um triângulos de perímetro 36 m estão PA. Se um dos ângulos deste triângulo mede 60º, determine o raio da circunferência circunscrita a esse triângulo.

48 A divisão do décimo termo de uma PA pelo segundo termo resulta 6. E a divisão do oitavo pelo quarto resulta 2 para o quociente e 2 para o resto. Ache a soma dos primeiros 14 termos dessa PA.

Resp: **34** $S_{37} = 370$ **36** $PA = \left(\frac{9}{10}, \frac{1}{10}, \ldots\right)$ **38** PA = (– 8, – 3, 2 ,7, 12) ou PA = (10, 6, 2, – 2, – 6)

39 b) (35, 23, 11, – 1, – 13) **40** a) 24 meios aritméticos b) impossível c) impossível

49 Um corpo em queda livre percorre, durante o primeiro segundo de queda, 4,9m e durante cada próximo segundo, 9,8m mais que no segundo precende. Determine:

a) o espaço percorrido pelo corpo durante o décimo primeiro segundo;

b) o espaço percorrido pelo corpo durante os 11 primeiros segundos;

c) o tempo que ele gasta para percorrer, desde o início da queda, 4410m.

---

50 Se a sequência (log 2, log $(2^x - 1)$, log ($2^x + 3$)) é uma P. A. , determine x.

---

51 Mostre que se os lados de um triângulo retângulo formam uma progressão aritmética, então ele é semelhante ao de lados 3, 4 e 5.

---

52 Os lados de um triângulo retângulo formam uma PA. Se a menor altura dele mede 24cm, qual é a sua área?

53 Em cada caso. determine quatro número em PA cuja soma é 4, sabendo que:

a) $a_2 \cdot a_4 - a_1 \cdot a_3 = 12$

b) o produto deles é 640

c) $a_1 \cdot a_3 = -32$

54 Observe as figuras , determine quantos pontos tem a 30ª figura e quantos pontos têm todas as figuras juntas.

1ª 2ª 3ª ... 30ª

55 25 pedras estão em uma estrada retilínea, cada uma distando 10 m da mais próxima. Uma pessoa partindo de um depósito tem que recolher todas no depósito. Quantos metros esta pessoa vai andar?

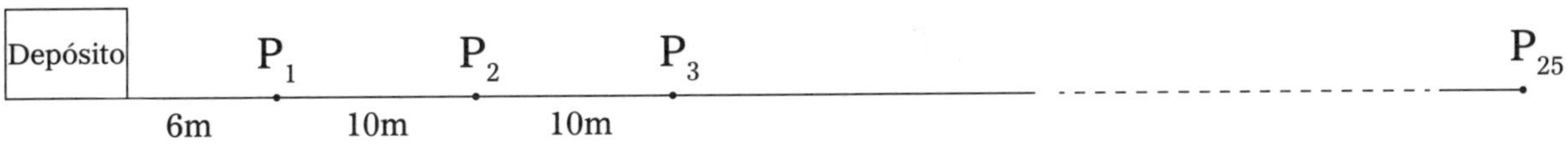

Resp: **41** 19 meios aritméticos **42** a) { 29 } b) { 13 } **43** n = 23 **44** a) 12 b) 15 **45** 9 m^2
46 8 m, 10 m e 12 m **47** $4\sqrt{3}$ **48** 497

II PROGRESSÕES GEOMÉTRICAS (PG)

Chama-se **Progressão Geométrica (PG)** a uma sequencia (finita ou infinita) em que qualquer termo desde que não seja o último, multiplicado por uma constante, resulta no termo seguinte: essa constante, que define a sequencia, se chama **razão (q)** da PG.

Exemplo: $PG = (\overset{\cdot 3}{2}, \overset{\cdot 3}{6}, \overset{\cdot 3}{18}, \overset{\cdot 3}{54}, 162, \ldots)$

$$\underset{a_1}{2} \xrightarrow{\cdot 3} \underset{a_2}{6} \xrightarrow{\cdot 3} \underset{a_3}{18} \xrightarrow{\cdot 3} \underset{a_4}{54} \xrightarrow{\cdot 3} \underset{a_5}{162}, \ldots$$

Observe que nessa PG temos

$a_2 = a_1 \cdot 3$, $a_3 = a_2 \cdot 3$, $a_4 = a_3 \cdot 3$ e assim por diante.

E, também, $\dfrac{a_2}{a_1} = \dfrac{a_3}{a_2} = \dfrac{a_4}{a_3} = \ldots = 3 = q$ (razão da PG)

Definição

Progressão Geométrica é toda sequência definida pela seguinte lei de recorrência:

$$\begin{cases} a_1 = \alpha \\ a_n = a_{n-1} \cdot q \text{ para } n \in N / n \geqslant 2, \text{ onde } \alpha \text{ e } q \text{ são constantes reais dadas e que determinam a PG.} \end{cases}$$

De modo geral, numa PG definida pelas constantes reais a_1 e q, temos:

$$PG = \left(a_1, \underbrace{a_1 \cdot q}_{a_2}, \underbrace{a_1 \cdot q^2}_{a_3}, \underbrace{a_1 \cdot q^3}_{a_4}, \underbrace{a_1 \cdot q^4}_{a_5}, \ldots \right)$$

Vemos que

$$a_2 = a_1 \cdot q^1 \quad (2-1)$$

$$a_3 = a_1 \cdot q^2 \quad (3-1)$$

$$a_4 = a_1 \cdot q^3 \quad (4-1)$$

$$a_5 = a_1 \cdot q^5 \quad (5-1)$$

e, por indução vulgar, podemos escrever

$$\mathbf{a_n = a_1 \cdot q^{n-1}}$$

Fórmula do Termo Geral da PG

Na PG com primeiro termo a_1 e razão q, temos:

$$PG = (a_1, a_2, a_3, a_4, ..., a_n, ...)$$

O termo geral a_n (enésimo termo da PG) é dado pela expressão:

$$\boxed{a_n = a_1 \cdot q^{n-1}} \quad (n \in N^*)$$

onde

a_1 = primeiro termo, q = razão } são constantes reais dadas

n = posição de a_n na PG (índice de a_n)

a_n = valor do enésimo termo da PG

Propriedades da PG

1ª) Numa PG finita com n termos, o produto de dois termos quaisquer equistantes dos extremos é constante e sempre igual a produto $a_1 \cdot a_n$.

Assim sendo, na PG finita $(a_1, a_2, a_3, \dots, a_k, \dots, a_{n-k+1}, \dots, a_{n-2}, a_{n-1}, a_n)$, temos:

$$\boxed{a_1 \cdot a_n = a_2 \cdot a_{n-1} = a_3 \cdot a_{n-2} = \dots = a_k \cdot a_{n-k+1}}$$

(pares de termos equidistantes dos extremos)

Exemplo: Veja a PG definida por $\mathbf{a_1 = 1}$ e $\mathbf{q = 2}$, finita e com 6 termos (n = 6):

$$PG = (\underset{a_1}{1}, \underset{a_2}{2}, \underset{a_3}{4}, \underset{a_4}{8}, \underset{a_5}{16}, \underset{a_6}{32})$$

$$a_1 \cdot a_6 = 1 \cdot 32 = 32$$

$$a_2 \cdot a_5 = 2 \cdot 16 = 32$$

$$a_3 \cdot a_4 = 4 \cdot 8 = 32$$

Resp: **49** a) 102,9 m b) 592, 9 m c) 30s **50** $x = \log_2 5$ **52** 1 200 cm² **53** a) (– 8, – 2, 4, 10) b) (– 8, – 2, 4, 10) ou (10, 4, – 2, – 8) c) (– 8, – 2, 4, 10) ou $\left(12, \frac{14}{3}, -\frac{8}{3}, -10\right)$

54 62 pontos, 990 pontos **55** 6 300 m = 6, 3 km

2ª) Tomando-se quaisquer três termos consecutivos de uma P.G. não alternante (finita ou infinita), o termo do meio é média geométrica dos outros dois.

Em símbolos, temos:

$$PG = (a_1, a_2, a_3, \dots, a_{n-1}, a_n, a_{n+1}, \dots)$$

$$(a_n)^2 = a_{n-1} \cdot a_{n+1} \ (n \geqslant 2)$$

Observação: nas progressões geométricas alternantes, apesar de valer a relação $(a_n)^2 = a_{n-1} \cdot a_{n+1}$, é necessário discutir o sinal do termo central a_n.

(Lembre-se: dados dois números positivos **a** e **b**, sua média geométrica é o número também positivo c tal que $c^2 = a \cdot b$. Se **a** e **b** forem negativos, então sua média geométrica também é um número negativo.)

Exemplo: Observemos a PG infinita definida por $\mathbf{a_1 = \frac{2}{3}}$ e $\mathbf{q = 3}$:

$$PG = \left(\frac{2}{3}, 2, 6, 18, 54, \dots\right)$$

$$a_1 \quad a_2 \quad \boxed{a_3} \quad a_4 \quad a_5$$

$(a_3)^2 = a_1 \cdot a_4$ $\qquad$ $(a_4)^2 = a_3 \cdot a_5$

$6^2 = 2 \cdot 18$ $\qquad$ $18^2 = 6 \cdot 54$

3ª) Dada a $PG = (a_1, a_2, a_3, \dots, a_i, a_j, \dots)$ onde a_i e aj são dois termos quaisquer, é válida a propriedade:

$$\boxed{a_j = a_i \cdot q^{j-i}}$$

Note bem: **j – i** é a diferença entre os índices de a_j e a_i nesta ordem e, portanto, pode resultar em qualquer número inteiro positivo, nulo ou negativo, dependendo da posição relativa dos termos a_j e a_i. Note, também, que a fórmula do termo geral da PG $a_n = a_1 \cdot q^{n-1}$ é um caso particular desta propriedade.

Exemplo: $\mathbf{a_1 = -\frac{3}{16}}$ e $\mathbf{q = 4}$

$$PG = \left(\frac{-3}{16}, \frac{-3}{4}, -3, -12, -48, -192, \dots\right)$$

$$a_1 \quad a_2 \quad a_3 \quad a_4 \quad a_5 \quad a_6$$

$a_6 = a_3 \cdot q^{6-3}$ $\qquad$ ou $\qquad$ $a_3 = a_6 \cdot q^{3-6}$

$-192 = -3 \cdot 4^3$ $\qquad$ $-3 = -192 \cdot 4^{-3}$

56 Dada a PG finita (1, 2, 4, 8, 16, 32), determine:

a) a sua razão (q).	b) o seu número de termos (n).
c) a média geométrica de a_3 e a_5.	d) a média geométrica de a_1 e a_3.

(**Lembre-se**: dados dois números positivos **a** e **b**, sua média geométrica é o número também positivo c tal que $c^2 = a \cdot b$. Se **a** e **b** forem negativos, então sua média geométrica também é um número negativo.)

57 Dada a PG finita $\left(160, -80, 40, -20, 10, -5, \frac{5}{2}\right)$, determine:

a) a razão.	b) o número de termos.	c) $a_1 . a_7$
d) $a_2 \cdot a_6$	e) $a_3 \cdot a_5$	f) a_4^2

58 Dada a PG $\left(\frac{9}{8}, \frac{-3}{4}, \frac{1}{2}, \frac{-1}{3}, \frac{2}{9}, \frac{-4}{27}, \frac{8}{81}, \ldots\right)$, determine:

a) a razão	b) $\sqrt{a_3 \cdot a_5}$
c) $\sqrt{a_2 \cdot a_6}$	d) $\sqrt{a_1 \cdot a_7}$

59 Determine a razão (q) e o 9º termo das seguintes progressões geométricas:

Lembre-se: $\frac{a_2}{a_1} = q$

a) PG = (4,8, ...)	b) PG = (π, π, ...)	c) PG = $\left(\sqrt{5} - 1, 0, \ldots\right)$

60 Determine o 6º e o 7º termos das seguintes progressões geométricas:

a) PG = (– 162, – 54, ...)

Resolução: $q = \frac{a_2}{a_1} = \frac{-54}{-162} = \frac{27}{81} = \frac{1}{3}$

$a_6 = a_1 \cdot q^5 = -162 \cdot \left(\frac{1}{3}\right)^5 = \frac{-2 \cdot 3^4}{3^5} = \frac{-2}{3}$

$a_7 = a_6 \cdot q = -\frac{2}{3} \cdot \frac{1}{3} = \frac{-2}{9}$

b) PG = $\left(\frac{40}{63}, \frac{-20}{21}, \ldots\right)$

60 c) $PG = \left(\frac{-432}{125}, \frac{72}{25}, \ldots\right)$

d) $\left(\sqrt{2} - \sqrt{3}, \sqrt{3} - \sqrt{2}, \ldots\right)$

---

61 Determine o número de termos em cada uma das PGs finitas seguintes:

a) $PG = \left(\frac{3}{4}, \ldots, 192\right)$ e $q = 2$.

Resolução: $a_1 = \frac{3}{4}$ e $a_n = 192 \Rightarrow a_n = a_1 \cdot q^{n-1} \Rightarrow$

$\Rightarrow 192 = \frac{3}{4} \cdot 2^{n-1} \Rightarrow 2^{n-1} = \frac{4 \cdot 192}{3} \Rightarrow 2^{n-1} = 4 \cdot 64 \Rightarrow$

$\Rightarrow 2^{n-1} = 2^8 \Rightarrow n - 1 = 8 \Rightarrow \mathbf{n = 9}$

---

b) $\left(\frac{25}{54}, \ldots, \frac{5^2 \cdot 3^{11}}{2}\right)$ sendo $q = 3$.

---

c) $\left(\frac{243}{160}, \ldots, \frac{-512}{45}\right)$ sendo $q = -\frac{4}{3}$.

---

d) $\left(1 - \sqrt{2}, \ldots, \frac{1}{\sqrt{2} + 1}\right)$ sendo $q = -1$.

---

e) $\left(\frac{256}{343}, \ldots, \frac{343}{16}\right)$ sendo $q = \frac{-7}{4}$.

62 Determine o primeiro termo da PG em que a razão é $q = \frac{1}{2}$ e $a_{15} = \frac{1}{1024}$.

---

63 Determine a razão **q** nas PGs seguintes, sabendo que:

a) $a_1 = \frac{256}{243}$ e $a_6 = \frac{-1}{4}$

Resolução: $a_n = a_1 \cdot q^{n-1} \Rightarrow a_6 = a_1 \cdot q^5 \Rightarrow \frac{-1}{4} = \frac{256}{243} \cdot q^5 \Rightarrow$

$q^5 = \frac{-1 \cdot 3^5}{2^2 \cdot 2^8} \Rightarrow q^5 = \frac{-3^5}{2^{10}} \Rightarrow q^5 = \frac{-3^5}{(2^2)^5} \Rightarrow$

$\Rightarrow q^5 = -\left(\frac{3}{4}\right)^5 \Rightarrow q = \sqrt[5]{-\left(\frac{3}{4}\right)^5} \Rightarrow \mathbf{q = -\frac{3}{4}}$

---

b) $a_1 = \frac{1}{32}$ e $a_9 = 8$

---

c) $a_1 = \frac{81}{8}$ e $a_8 = \frac{16}{27}$

---

d) $a_1 = \frac{1}{18}$ e $a_5 = -72$

---

e) $a_1 = \frac{-1}{2 + \sqrt{5}}$ e $a_{13} = 2 - \sqrt{5}$

Resp: **56** a) $q = 2$ b) $n = 6$ c) $\sqrt{a_3 \cdot a_5} = 8 = a_4$ d) $\sqrt{a_1 \cdot a_3} = 2 = a_2$ **57** a) $q = -\frac{1}{2}$ b) $n = 7$ c) 400 d) 400 e) 400 f) 400 **58** a) $q = -\frac{2}{3}$ b) $\frac{1}{3}$ c) $\frac{1}{3}$ d) $\frac{1}{3}$ **59** a) $a_9 = 1024 = 2^{10}$ b) $a_9 = \pi$ c) $a_9 = 0$ **60** b) $a_6 = \frac{-135}{28}$; $a_7 = \frac{405}{56}$

64 Determine a razão da PG que tem $a_{10} = 384$ e $a_4 = 6$.

Resolução: $a_j = a_i \cdot q^{j-i}$

$a_{10} = a_4 \cdot q^{10-4} \Rightarrow 384 = 6 \cdot q^6 \Rightarrow q^6 = \frac{384}{6} = 64$

$\Rightarrow q = \pm \sqrt[6]{64} \Rightarrow \mathbf{q = \pm 2}$

---

65 Determine o 15º termo da PG em que $a_6 = \frac{16}{81}$ e $q = -\frac{3}{2}$.

---

66 Determine o 7º termo da PG que tem $a_{12} = 1024$ e $q = -8$.

---

67 Escrever os 3 primeiros termos da PG em que: $\begin{cases} a_6 - a_4 = -72 \\ a_3 - a_6 = 108 \end{cases}$

$a_6 = a_1 \cdot q^5$ e $a_4 = a_1 \cdot q^3 \Rightarrow a_1 \cdot q^5 - a_1 \cdot q^3 = -72 \Rightarrow a_1 q^3 (q^2 - 1) = -72$

$\Rightarrow -a_1 q^3 (1 - q^2) = -72 \Rightarrow \mathbf{a_1 q^3 (1 + q)(1 - q) = 72}$ (I)

$a_3 - a_6 = 108 \Rightarrow a_1 q^2 - a_1 q^5 = 108 \Rightarrow a_1 q^2 (1 - q^3) = 108$

$\Rightarrow \mathbf{a_1 q^2 (1 - q)(1 + q + q^2) = 108}$ (II). Dividindo (I) : (II)

membro a membro, temos: $\Rightarrow \dfrac{a_1 q^3 (1+q)(1-q)}{a_1 q^2 (1-q)(1+q+q^2)} = \dfrac{72^{:36}}{108^{:36}}$

$\Rightarrow q(1 + q) \cdot 3 = 2(1 + q + q^2) \Rightarrow 3q + 3q^2 = 2q^2 + 2q + 2 \Rightarrow$

$\Rightarrow q^2 + q - 2 = 0 \Rightarrow (q + 2)(q - 1) = 0 \Rightarrow q = -2$ ou $q = 1$ (não serve)

Substituindo $\mathbf{q = -2}$ em (I) $\Rightarrow a_1 \cdot (-8) \cdot (-1) \cdot 3 = 72 \Rightarrow a_1 = 3$

Resp: PG = (3, – 6, 12, ...)

---

68 Determine o primeiro termo e a razão da PG na qual: $\begin{cases} a_7 - a_6 + a_5 = 3 \\ a_6 + a_3 = 18 \end{cases}$

69 Determine os primeiros termos de uma PG, sabendo que $a_5 = 24$ e $\dfrac{a_{14}}{a_6} = 16$.

---

70 Sabe-se que numa PG vale a relação $a_8 = -216\,a_5$. Assim sendo, determine a razão e dê a classificação dessa PG.

---

71 Determine $\mathbf{a_1}$ e $\mathbf{q}$ na PG = $(8 - x, x + 1, 3x - 3)$ onde $x \in R$.

---

72 Determine, em cada caso, o 7º termo da PG de termos reais em que:

Sugestão: Use a 1ª propriedade da PG.

a) $a_6 = -4$ e $a_8 = -9$	b) $a_5 \cdot a_9 = 8$	c) $a_1 = -2$ e $a_{13} = 32$

---

73 Numa PG, sabe-se que $a_2 \cdot a_{11} = -36$ e $a_5 = 4$. Determine a_8.

---

74 Determine uma PG de três termos, sabendo eles têm produto igual a -8 e soma igual a $\dfrac{14}{3}$.

Resolução: Truque: Três termos em PG podemos escrever PG = $\left(\dfrac{x}{q}, x, xq\right)$.

$$a_1 \cdot a_2 \cdot a_3 = -8 \Rightarrow \frac{x}{q} \cdot x \cdot xq = -8 \Rightarrow x^3 = -8 \Rightarrow x = -2$$

$$a_1 + a_2 + a_3 = \frac{14}{3} \Rightarrow \frac{-2}{q} + (-2) + (-2q) = \frac{14}{3} \overset{\cdot 3q}{\Longrightarrow} -6 - 6q - 6q^2 = 14q$$

$$\Rightarrow 6q^2 + 20q + 6 = 0 \Rightarrow 3q^2 + 10q + 3 = 0 \Rightarrow \begin{cases} q = -3 \\ q = -\dfrac{1}{3} \end{cases} \text{ ou}$$

Resp: $\begin{cases} \text{para } \mathbf{q = -3} \Rightarrow PG = \left(\dfrac{2}{3}, -2, 6\right) \\ \text{para } \mathbf{q = -\dfrac{1}{3}} \Rightarrow PG = \left(6, -2, \dfrac{2}{3}\right) \end{cases}$

Resp: **60** c) $a_6 = \dfrac{25}{18}$; $a_7 = \dfrac{-125}{108}$ d) $a_6 = \sqrt{3} - \sqrt{2}$; $a_7 = \sqrt{2} - \sqrt{3}$ **61** b) $n = 15$ c) $n = 8$ d) $n = 2k, k \in N^*$ e) $n = 7$
62 $a_1 = 16$ **63** b) $q = \pm 2$ c) $q = \dfrac{2}{3}$ d) $\nexists\, q \in R$ e) $q = \pm 1$

75 Determine uma PG com 5 termos sabendo que têm produto igual a 1024 e que $a_5 = a_2 \cdot a_4$.

---

76 O produto dos n primeiros termos de uma PG é dado pela expressão $Pn = 2^{\frac{n^2-5n}{2}}$, $n \in N^*$. Escreva a PG.

Lembre-se: para $n = 1 \Rightarrow P_1 = a_1$

para $n = 2 \Rightarrow P_2 = a_1 \cdot a_2$

Interpolação Geométrica

Dados dois números reais α e β, nesta ordem, **interpolar (ou inserir) m meios geométricos entre** α e β significa obter a PG finita em que:

$a_1 = \alpha$ (primeiro termo)

$a_n = \beta$ (último termo)

$n = m + 2$ (número de termos), ou seja.

$$PG = (\alpha, \underbrace{a_2, a_3, a_4, \dots, a_{n-1}}_{\text{m termos}}, \beta)$$

Observação: para obter tal PG basta achar a sua razão q.

77 Interpolar 7 meios geométricos entre 9 e $\frac{1}{729}$.

Resolução: $PG = \left(9, \underbrace{\ldots}_{7 \text{ meios geométricos}}, \frac{1}{729}\right)$

7 meios geométricos $\Rightarrow n = 7 + 2 = 9$

$a_n = a_1 \cdot q^{n-1} \Rightarrow \frac{1}{729} = 9 \cdot q^{n-1} \Rightarrow \frac{1}{3^6 \cdot 3^2} = q^8 \Rightarrow$

$\Rightarrow q^8 = 3^{-8} \Rightarrow q = \pm\sqrt[8]{3^{-8}} = \pm 3^{-1} \Rightarrow q = \pm\frac{1}{3}$

Resp.:
- Para $q = \frac{1}{3} \Rightarrow PG = \left(9, 3, 1, \frac{1}{3}, \frac{1}{9}, \frac{1}{27}, \frac{1}{81}, \frac{1}{243}, \frac{1}{729}\right)$
- Para $q = \frac{-1}{3} \Rightarrow PG = \left(9, -3, 1, -\frac{1}{3}, \frac{1}{9}, \frac{-1}{27}, \frac{1}{81}, \frac{-1}{243}, \frac{1}{729}\right)$

---

78 Interpolar (inserir) 4 meios geométricos entre $\frac{1}{8}$ e -128.

---

79 Quantos meios geométricos devemos interpolar entre 3 e 24 para que resulte numa PG com razão $q = \sqrt{2}$.

---

80 Inserir (ou interpolar) 5 meios geométricos entre 729 e 64.

---

81 Em cada caso, quantos meios geométricos devemos interpolar entre $\frac{2}{3}$ e 486 de modo que resulte num a PG com razão:

a) $q = 3\sqrt{3}$

b) $q = -27$

c) $q = 81$

Resp: **65** $a_{15} = \frac{-243}{32}$ **66** $a_7 = \frac{-1}{32}$ **68** $a_1 = 64$ e $q = \frac{1}{2}$ ou $a_1 = \frac{2187}{13}$ e $q = \frac{-1}{3}$

69 $PG = (6, 6\sqrt{2}, 12, \ldots)$ ou $PG = (6, -6\sqrt{2}, 12, \ldots)$ **70** $q = -6$; PG alternante.

71 $a_1 = 3$ e $q = 2$ ou $a_1 = \frac{27}{4}$ e $q = \frac{1}{3}$ **72** a) $a_7 = \pm 6$ b) $a_7 = \pm 2\sqrt{2}$

c) em **R**, não existe PG que satisfaça. **73** $a_8 = -9$ (Sugestão: use a 1ª propriedade da PG)

Soma dos n primeiros termos da PG (S_n)

Vamos neste item, deduzir três fórmulas para calcular a soma dos n primeiros termos de uma PG.

Assim, na PG = (a_1, a_2, a_3, ... , a_n, ...), a soma procurada é:

$$(1)\ S_n = a_1 + a_2 + a_3 + a_4 + ... + a_{n-1} + a_n$$

Multiplicando os dois membros pela razão q, temos:

$$q \cdot S_n = a_1q + a_2q + a_3q + ... + a_{n-1}q + a_nq$$

$$(2)\ q \cdot S_n = a_2 + a_3 + a_4 + ... + a_n + a_nq$$

A seguir, subtraindo membro a membro as igualdades (1) e (2), temos:

$$S_n - q\,S_n = a_1 - a_nq$$

$$S_n(1 - q) = a_1 - a_n \cdot q$$

e, para $q \neq 1$, temos:

$$(3)\ \boxed{S_n = \frac{a_1 - a_n \cdot q}{1-q}}\ (\text{para } q \neq 1)$$

Evidentemente, quando q = 1 a PG será (a_1, a_1, a_1, ... , a_1 ...) e, portanto,

$$(4)\ \boxed{S_n = n \cdot a_1}\ (\text{para } q = 1)$$

Em seguida, podemos deduzir uma nova fórmula para S_n substituindo, em (3), a_n pela expressão do termo geral da PG:

$$S_n = \frac{a_1 - a_n \cdot q}{1-q} = \frac{a_1 - a_1 \cdot q^{n-1} \cdot q}{1-q}\ \text{e, finalmente,}$$

$$(5)\ \boxed{S_n = \frac{a_1(1-q^n)}{1-q}}\ (q \neq 1)$$

Observações:

1ª) A fórmula da expressão (5) calcula S_n a partir de **a_1, q e n** e é a mais frequentemente usada(deve ser "incorporada pelo uso").

2ª) A fórmula da expressão (3) calcula S_n em função de **a_1, q e a_n** e, além de ser menos usada, também pode ser facilmente deduzida pelo aluno a partir da expressão (5).

3ª) A fórmula da expressão (4) só se aplica quando q = 1.

4ª) Como tais fórmulas são válidas para n finito, elas também costumam ser chamadas de "fórmulas da soma dos termos da PG finita".

Exemplo: Determinar a soma dos 12 primeiros termos da PG (4, 8, ...).

Resolução: 1) Cálculo da razão q

$$q = 8 : 4 \Rightarrow \boxed{q = 2}$$

2) Podemos usar $S = \frac{a_1(1-q^n)}{1-q}$ ou $S = \frac{a_1(q^n-1)}{q-1}$

Para $a_1 = 4$, q = 2 e n = 12, temos:

$$S = \frac{4(2^{12}-1)}{2-1} \Rightarrow S = 4(1024-1) \Rightarrow S = 4(1023) \Rightarrow \boxed{S = 4092}$$

82 Determine a soma dos 7 primeiros termos das seguintes PGs:

a) PG = (5, 10, ...)

b) PG = $\left(-\frac{2}{9}, \frac{2}{3}, \ldots\right)$

c) PG = $\left(\frac{27}{4}, -\frac{9}{2}, \ldots\right)$

d) PG = (– 8, – 8, ...)

e) PG = (6, – 6, ...)

83 Determine a soma dos termos da PG finita PG = $(6, 6\sqrt{3}, \ldots, 162)$.

Resp: **75** PG = (1, 2, 4, 8, 16) ou PG = (1, – 2, 4, – 8, 16) **76** PG = $\left(\frac{1}{4}, \frac{1}{2}, 1, 2 \ldots\right)$ **78** PG = $\left(\frac{1}{8}, -\frac{1}{2}, 2, -8, 32, -128\right)$

79 5 meios geométricos **80** (729, ± 486, 324, ± 216, 144, ± 96, 64) **81** a) 3 meios geométricos.

b) 1 meio geométrico. c) impossível.

84 Determine a soma de cada uma das PG finitas seguites:

a) PG = $(a, -a, a, \ldots, -a)$, $a \in \mathbb{R}$

b) PG = $(b, -b, \ldots, b)$, $b \in \mathbb{R}$

85 Calcule o valor das seguintes somas:

a) $S = 10 + 100 + 1000 + \ldots + 10^{12}$

b) $S = 9 + 99 + 999 + \ldots + \underbrace{99\ldots9}_{6\,\text{noves}}$

Sugestão: escrever $9 = 10 - 1$, $99 = 100 - 1$, etc ...

c) $S = 1 + 11 + 111 + \ldots + 111\,111$

Sugestão: multiplicar os dois membros por 9 $\Rightarrow 9 \cdot S = 9 \cdot (1 + 11 + 111 + \ldots + 111\ 111)$.

86 Numa PG finita com n termos sabe-se que $a_1 = \frac{1}{4}$, $a_n = -8$ e $S_n = \frac{-63}{12}$. Determine n.

87 A soma dos 5 primeiros termos de um progressão geométrica é 1 e a diferença entre o sexto e o primeiro termos é 2. Determinar a razão e o primeiro termo dessa PG.

88 Numa PG com 7 termos, a razão vale – 2 e a soma dos termos vale 43. Determine o último termo.

89 A soma dos n primeiros termos de uma PG é dada pela expressão $S_n = 1 - (-3)^n$, $n \in N^*$. Nessas condições, determine o 6º termo dessa PG.

Resp: **82** a) $S_7 = 635$ b) $S_7 = \frac{-1094}{9}$ c) $S_7 = \frac{463}{108}$ d) $S_7 = -56$ e) $S_7 = 6$ **83** $S_7 = 240 + 78\sqrt{3}$

Soma dos termos da PG infinita (S)

Vamos, agora, determinar uma fórmula que nos permita calcular $S = \lim\limits_{n \to \infty} S_n$ quando este limite existir e for finito.

Consideremos, então, a PG = $(a_1, a_2, a_3, \ldots, a_n, \ldots)$ de **razão q** e a soma de seus infinitos termos.

$S_n = a_1 + a_2 + a_3 + \ldots + a_n + \ldots$ (chamada de série geométrica infinita).

Quando do $\lim\limits_{n \to \infty} S_n = S$ existe e é finito, dizemos que a série

$S_n = a_1 + a_2 + a_3 + \ldots + a_n + \ldots$

é convergente e converge para S (soma da série infinita). Quando esse limite não existe ou não é finito, dizemos que tal série é divergente e a sequência é não somável.

No estudo aprofundado de sequências e séries infinitas (Cálculo diferencial e integral), demonstra-se que a série geométrica infinita

$S_n = a_1 + a_2 + a_3 + \ldots + a_n + \ldots$

1º) é convergente se $-1 < q < 1$

2º) é divergente se $q \leqslant -1$ ou $q \geqslant 1$

Considerando o caso em que a PG é somável ($-1 < q < 1$) e lembrando que

$S_n = \dfrac{a_1(1-q^n)}{1-q}$, temos:

$$\lim_{n \to \infty} S_n = \lim_{n \to \infty}\left(\frac{a_1}{1-q} - \frac{a_1 \cdot q^n}{1-q}\right) = \lim_{n \to \infty} \frac{a_1}{1-q} - \lim_{n \to \infty} \frac{a_1 \cdot q^n}{1-q} =$$

$$\frac{a_1}{1-q} - \frac{a_1}{1-q} \cdot \lim_{n \to \infty} q^n \text{ onde } \lim_{n \to \infty} q^n = 0 \quad \text{pois } -1 < q < 1.$$

Portanto, teremos:

$$\boxed{S_n = \lim_{n \to \infty} S_n = \frac{a_1}{1-q}} \; (-1 < q < 1)$$

(soma dos termos da PG infinita)

Exemplo: Calcular a soma dos termos da PG de infinitos termos

$$\mathbf{PG} = \left(1, \frac{1}{3}, \frac{1}{9}, \ldots\right)$$

Resolução: Sua razão é $q = \dfrac{a_2}{a_1} = \dfrac{\frac{1}{3}}{1} = \dfrac{1}{3}$

como $-1 < q < 1$, temos: $S = \dfrac{a_1}{1-q} = \dfrac{1}{1-\frac{1}{3}} = \dfrac{1}{\frac{2}{3}}$

Resp: $\mathbf{S = \dfrac{3}{2}}$

90 Dada uma PG infinita convergente, determinar a soma dos seus termos, nos casos:

a) $(8, 4, 2, ...)$

b) $(-9, -3, -1, ...)$

c) $\left(-10, 5, -\frac{5}{2}, ...\right)$

d) $(2, \sqrt{2}, 1, ...)$

e) $\left(1, \frac{1}{2}, \frac{1}{4}, ...\right)$

f) $(-18, -12, -8, ...)$

g) $(\sqrt{2}+1, -1, \sqrt{2}-1, ...)$

Resp: **84** a) $S_n = 0$ b) $S_n = b$ **85** a) $S = \frac{10^{13} - 10}{9}$ b) $S = \frac{10^7 - 64}{9} = 1111104$ c) $S = \frac{10^7 - 64}{81} = 123\,456$

86 $n = 6$ **87** $q = 3$ e $a_1 = \frac{1}{121}$ **88** $a_7 = 64$ **89** $a_6 = -972$

91 Usando a fórmula da soma dos termos da PG infinita, determine a fração geratriz de cada uma das seguintes dízimas periódicas:

a) 0,666..

b) $3,\overline{8}$

c) $12,\overline{3}$

d) $0,\overline{36}$

92 Calcule o limite das expressões abaixo, quando o número de radicais tende ao infinito:

a) $\sqrt{2\sqrt{2\sqrt{2\sqrt{2}}}}\ ...$

b) $\sqrt[3]{5\ \sqrt[3]{5\ \sqrt[3]{5\ \sqrt[3]{5\ ...}}}}$

93 Determinar o produto dos 20 primeiros termos da PG (2, 8, 32, ...)

94 Determine o produto dos 15 primeiros termos (P_{15}) de cada uma das seguintes PGs:

a) PG = (256, 128, ...)

b) PG = $(-3^{-10}, 3^{-8}, ...)$

95 Numa PG com 11 termos, todos positivos, sabe-se que o produto dos extremos vale 36. Determine o produto dos termos dessa PG.

96 Determine o produto dos 18 primeiros termos de uma PG alternante com $a_1 > 0$, sabendo que $a_4 \cdot a_{15} = -3$.

Resp: **90** a) 16 b) $-\frac{27}{2}$ c) $-\frac{20}{3}$ d) $2(2+\sqrt{2})$ e) 2 f) -54 g) $\frac{2+\sqrt{2}}{2}$

97 Um triângulo tem perímetro 2p e área S. Considere um segundo triângulo cujos vértices são os pontos médios dos lados do primeiro, um terceiro cujos vértices são os pontos médios dos lados do segundo e assim sucessivamente. Determine:

a) a soma dos perímetros de todos esses triângulos.

b) a soma das áreas de todos esses triângulos.

---

98 Considere uma sequência de quadrados, de modo que cada um, a partir do segundo, tenha para vértices os pontos médios dos lados do anterior. Sendo **a** o lado do primeiro quadrado, determine:

a) a soma dos perímetros desses quadrados.

b) a soma das áreas desses quadrados.

99 A soma dos infinitos termos de uma PG é $\frac{3}{5}$ e a soma dos 4 primeiros termos é $\frac{13}{27}$. Ache o primeiro termo e a razão desta PG.

---

100 Ache os 4 primeiros termos de uma PG alternante cujo primeiro termo excede o segundo em 35 e o terceiro excede o quarto em 560.

---

101 Escrever os primeiros termos de uma PG na qual $a_3 - a_1 = 9$ e $a_5 - a_3 = 36$.

Resp: **91** a) $\frac{2}{3}$ b) $\frac{35}{9}$ c) $\frac{37}{3}$ d) $\frac{4}{11}$ **92** a) 2 b) $\sqrt{5}$ **93** $P = 2^{400}$

94 a) $P_{15} = 2^{15}$ b) $P_{15} = 3^{60}$ c) $P_{15} = 0$ **95** 6^{11} **96** $P_{18} = -3^9$

102 Em uma PG de 5 termos, a soma dos 4 primeiros termos é 13 e dos 4 últimos é 19,5. Determine os extremos.

---

103 Ache o primeiro termo e a razão de uma PG de 9 termos se o produto dos extremos é 2304 e a soma do quarto com o sexto é 120.

---

104 Três números formam uma PG crescente. A soma deles é 126 e o produto deles é 13824. Ache esses números.

105 Em uma PG com um número par de termos a soma de todos os termos é igual ao triplo da soma dos termos de ordem ímpar. Ache a razão desta PG.

106 Ache o número de termos de uma PG onde o primeiro termo é 3, o último é 96 e a soma dos termos é 189.

107 Determinar o primeiro termo, a razão e o número de termos de um PG onde $a_6 - a_4 = 216$, $a_3 - a_1 = 8$ e $S_n = 1093$.

Resp: **97** a) 4p b) $\frac{4S}{3}$ **98** a) $4(2+\sqrt{2})a$ b) $2a^2$ **99** $a_1 = 1$ e $q = -\frac{2}{3}$ ou $a_1 = \frac{1}{5}$ e $q = \frac{2}{3}$

100 (7, – 28, 112, – 448) **101** (3, 6, 12, 24, 48, ...) ou (3, – 6, 12, – 24, 48, ...)

108 Ache uma sequência de 4 termos sabendo que os três primeiros formam uma PG, os três últimos uma PA, a soma dos extremos é 21 e a soma dos meios é 18.

109 Em uma PA o primeiro termo é 1 e a soma dos 7 primeiros termos é 2555. Ache o termo médio de uma PG de 7 termos se o primeiro e último são iguais aos correspondentes termos dessa PA.

110 A soma de 3 números que formam uma PA é 15. Se 1, 4 e 19 são somados a eles, respectivamente, obtém-se 3 números que formam um PG. Determinar os 3 números.

111 Resolver as seguintes equações:

a) $x + \frac{x}{2} + \frac{x}{4} + ... = x^2$

b) $81x + 54x + 36x + ... = 486 - 243x^2$

c) $250x^2 - 200x^2 + 160x^2 - 128x^2 + ... = 1250$

d) $x + x^2 + x^3 + x^4 + ... = 4x, 0 \leqslant x < 1$

e) $4^{x + x^2 + x^3 + ...} = 2\sqrt[3]{2}$, $-1 < x < 1$

f) $x^2 - 1 + x - 1 + \frac{x-1}{x+1} + ... = \frac{3}{2}, x > 0$

Resp: **102** 1,6 e 8, 1 **103** $a_1 = 3$ e $q = 2$ ou $a_1 = -3$ e $q = -2$ ou $a_1 = 768$ e $q = \frac{1}{2}$ ou $a_1 = -768$ e $q = -\frac{1}{2}$

104 (6, 24, 96) **105** $q = 2$ **106** 6 **107** $a_1 = 1, q = 3, n = 7$

112 (PUC-SP) Numa progressão geométrica, a diferença entre o 2º e o 1º termos é 9, e a diferença entre o 5º e o 4º termos é 576. O 1º termo da progressão é:

a) 3 b) 4 c) 6 d) 8 e) 9

---

113 (FESP) A razão da progressão geométrica (a, a + 3, 5a – 3, 8a) crescente é:

a) 1 b) 2 c) 3 d) 4 e) 5

---

114 (FUVEST) O quinto e o sétimo termos de uma PG de razão positiva valem, respectivamente, 10 e 16. O sexto termo dessa P.G. é:

a) 13 b) $10\sqrt{6}$ c) 4 d) $4\sqrt{10}$ e) 40

---

115 (UFPR) Calcule a razão de uma P.G., sabendo que o seu 1º termo é o dobro da razão e que a soma dos dois primeiros termos é 24.

a) 4 ou 3 b) – 4 ou 3 c) 5 ou 3 d) – 5 ou 3 e) – 4 ou – 5

116 (UDESC-2019) O objetivo de um concurso era criar o ser vivo matemático mais curioso. O vencedor, batizado por seus criadores de Punctorum Grande, possuía as seguintes características: no seu nascimento ele era composto apenas por um ponto e após 40 minutos duas hastes saíam deste ponto com um novo ponto. Após mais 40 minutos, outras duas hastes, com um novo ponto em cada, saíam de cada um dos pontos existentes e assim sucessivamente a cada 40 minutos.

O número de pontos que esse ser vivo tinha após cinco horas e vinte minutos do seu nascimento, era:

a) 6 561 b) 255 c) 2 187 d) 4 347 e) 64

---

117 (ACAFE-SC) O valor de mercado de um produto é alterado, a cada mês, com um acréscimo de 20% em relação ao mês anterior. A sequência de valores desse produto, a cada mês, forma uma progressão:

a) Geométrica de razão 1,2 b) Geométrica de razão 0,2 c) Geométrica de razão 2,0

d) Artimética de razão 1,2 e) Aritmética de razão 0,2

---

118 (FUVEST-2019) Forma-se uma pilha de folhas de papel, em que cada folha tem 0,1 mm de espessura. A pilha é formada da seguinte maneira: coloca-se uma folha na primeira vez e, em cada uma das vezes seguintes, tantas quantas já houverem sido colocadas anteriormente. Depois de 33 dessas operações, a altura da pilha terá a ordem de grandeza:

a) da altura de um poste.

b) da altura de um prédio de 30 andares.

c) do comprimento da Av. Paulista.

d) da distância da cidade de São Paulo (SP) à cidade do Rio de Janeiro (RJ).

e) do diâmetro da Terra.

Resp: **108** (3, 6, 12, 18) ou $\left(\frac{75}{4}, \frac{45}{4}, \frac{27}{4}, \frac{9}{4}\right)$ **109** 27 ou -27 **110** 2, 5 e 8 ou 26, 5 e -16

111 a) $\{0, 2\}$ b) $\{-2, 1\}$ c) $\{-3, 3\}$ d) $\left\{0, \frac{3}{4}\right\}$ e) $\left\{\frac{2}{5}\right\}$ f) $\left\{\frac{1+\sqrt{3}}{2}\right\}$

119 (IFBA-2018) Numa avaliação com 100 questões, a pontuação de cada questão foi atribuída de acordo com uma progressão geométrica de razão 2 da seguinte forma: a primeira questão valia 1 ponto, a segunda questão valia 2 pontos, a terceira questão valia 4, a quarta questão valia 8 pontos e assim por diante. A nota máxima que um aluno pode ficar é o somatório dos pontos de todas as questões. Uma pessoa, ao fazer esta avaliação, verificou que acertou todas as questões de numeração múltiplos de três maiores que 20 e menores que 40 e também acertou as questões de numeração múltiplos de cinco maiores que 31 e menores que 51. Que pontuação este estudante fez na prova?

a) $\dfrac{2^{34}(2^{20}-1)}{2^5-1}$

b) $\dfrac{2^{20}(2^{21}-1)}{2^3-1}$

c) $\dfrac{2^{20}(2^{21}-1)}{2^3}+\dfrac{2^{34}(2^{20}-1)}{2^5}$

d) $\dfrac{2^{20}(2^{21}-1)}{2^3-1}+\dfrac{2^{34}(2^{20}-1)}{2^5-1}$

e) $\dfrac{2^{20}(2^{21}-1)}{2^3-1}-\dfrac{2^{34}(2^{20}-1)}{2^5-1}$

---

120 (UFJF-2018) O fractal denominado floco de neve de Koch é obtido partindo-se de um triângulo equilátero. Divide-se cada lado desse triângulo em 3 segmentos de mesmo comprimento, desenha-se um novo triângulo equilátero a partir do segmento do meio e retira-se a sua base, conforme figura abaixo. Esse processo ocorre indefinidamente para obter o floco de neve.

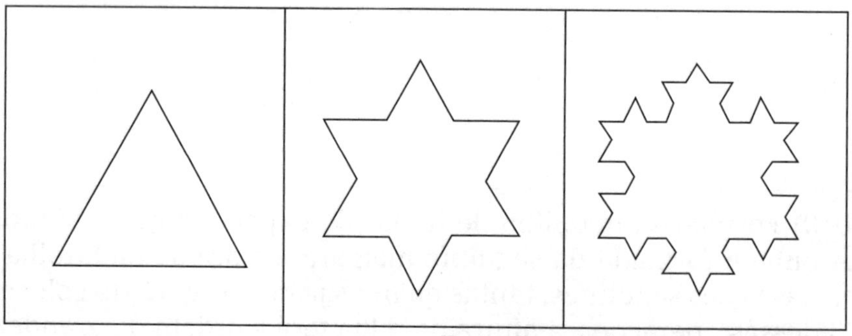

Fonte: disponível em <goo.gl/MfBH7V>

Qual o número de lados da sétima figura, isto é, após ocorrer 6 vezes esse processo?

a) 1 024   b) 3 072   c) 4 096   d) 7 048   e) 12 288

121 (IFPE-218) Dudu quer se tornar um youtuber famoso, mas, em seu primeiro vídeo, ele obteve apenas 5 inscritos em seu canal. Obstinado que é, Dudu pretende, a cada novo vídeo, dobrar a quantidade de novos inscritos em seu canal. Se no primeiro mês ele postar 10 vídeos e conseguir atingir a meta estabelecida, ao fim deste mês, seu canal terá

a) 1 024 inscritos. b) 5 120 inscritos. c) 5 115 inscritos. d) 1 023 inscritos. e) 310 inscritos.

122 (UNESP-2018) A sequência de figuras, desenhadas em uma malha quadriculada, indica as três primeiras etapas de formação de um fractal. Cada quadrinho dessa malha tem área de 1 cm^2.

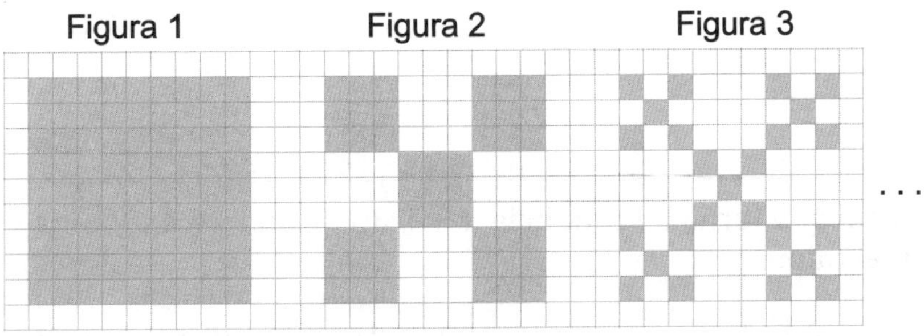

Dado que as áreas das figuras, seguindo o padrão descrito por esse fractal, formam uma progressão geométrica, a área da figura 5, em cm^2 será igual a

a) $\frac{625}{81}$ b) $\frac{640}{81}$ c) $\frac{125}{27}$ d) $\frac{605}{81}$ e) $\frac{215}{27}$

123 (UPE-2018) Um químico está tentando produzir um detergente econômico, utilizando sabão concentrado líquido e água. Ele tem 12 litros de sabão concentrado líquido, retira 4 litros desse volume e os substitui por água. Em seguida, retira 4 litros da mistura obtida e os substitui por água novamente. Efetuando essa operação por 6 vezes consecutivas, quantos litros de sabão concentrado líquido, aproximadamente, sobraram na mistura?

a) 1 b) 2 c) 3 d) 4 e) 5

---

124 (FGV) Uma progressão geométrica infinita é decrescente. A soma dos seus termos é $\frac{9}{2}$ e a soma do primeiro com o segundo termo vale 4. A razão dessa progressão é:

a) $\frac{1}{2}$ b) $\frac{1}{3}$ c) $\frac{1}{4}$ d) $\frac{1}{5}$ e) Nenhuma das anteriores.

---

125 (ITA) O valor de n que torna a sequência $(2 + 3n, -5n, 1 - 4n)$ uma progressão aritmética pertence ao intervalo:

a) [- 2, - 1] b) [- 1, 0] c) [0, + 1] d) [+ 1, + 2] e) [+ 2,+ 3]

---

126 (FUVEST-2012) Considere uma progressão aritmética cujos três primeiros termos são dados por $a_1 = 1 + x$, $a_2 = 6x$ e $a_3 = 2x^2 + 4$ em que x é um número real. Determine os possíveis valores de x.

127 (UFPA) Numa progressão aritmética, temos $a_7 = 5$ e $a_{15} = 61$. Então, a razão pertence ao intervalo:

a) [8, 10[b) [6, 8[c) [4, 6[d) [2, 4[e) [0, 2[

---

128 (UFPR-2011) Atribui-se ao matemático De Moivre uma lenda sobre um homem que previu sua própria morte. As condições da previsão estão dentro de uma narrativa que modela grosseiramente vários aspectos da realidade. A lenda é a seguinte: um homem observou que cada dia dormia 15 minutos a mais que no dia anterior. Se ele fez essa observação exatamente após ter dormido 8 horas, quanto tempo levará para que ele durma 24 horas seguidas, não mais acordando?

---

129 (COLÉGIO PEDRO II-2019) Davi é uma criança que adora brincar com sequências numéricas. Seu pai, professor de Matemática, propôs ao menino que escrevesse em seu caderno uma sequência numérica crescente, com os números naturais menores do que 100, no formato de uma tabela com 25 linhas e 4 colunas, mas sem mostrar para ele como ficou. Temos a seguir as primeiras linhas dessa tabela:

0	1	2	3
4	5	6	7
8	9	10	11
⋮			

Depois de pronta a tabela, o pai pediu ao filho que pensasse num número natural menor do que 100 e lhe informasse apenas a linha e a coluna que ele ocupava nessa tabela.

Se Davi disse a seu pai que o número estava representado na 15ª linha e 3ª coluna da tabela, então o menino pensou no número

a) 64 b) 62 c) 60 d) 58

---

130 (UFG-GO) A figura a seguir representa uma sequência de cinco retângulos e um quadrado, todos de mesmo perímetro, sendo que a base e a altura do primeiro retângulo da esquerda medem 1 cm e 9 cm, respectivamente. Da esquerda para a direita, as medidas das bases desses quadriláteros crescem, e as das alturas diminuem, formando progressões aritméticas de razão **a** e **b**, respectivamente. Calcule as razões dessas progressões aritméticas.

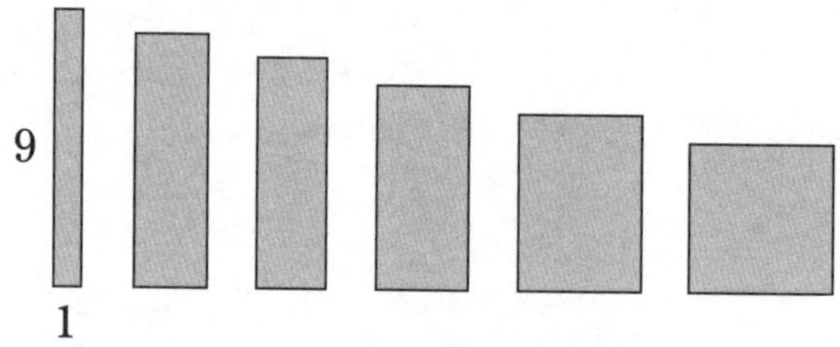

131 (UEG-2019) Uma concessionária vende um carro financiado em dois anos e as parcelas mensais serão da seguinte maneira: a primeira parcela será de R$ 1.000,00, e as demais decrescerão R$ 20,00 ao mês. Ao final do financiamento esse carro terá custado ao comprador

a) R$ 18 480,00 b) R$ 18 240,00 c) R$ 18 000,00 d) R$ 17 760,00 e) R$ 17 520,00

132 (UFPB-2012) Um produtor rural teve problema em sua lavoura devido à ação de uma praga. Para tentar resolver esse problema, consultou um engenheiro agrônomo e foi orientado a pulverizar, uma vez ao dia, um novo tipo de pesticida de acordo com as seguintes recomendações:

- No primeiro dia, utilizar 3 litros desse pesticida.
- A partir do segundo dia acrescentar 2 litros à dosagem anterior e, assim, sucessivamente.

Sabendo-se que, nesse processo, foram utilizadas 483 litros de pesticida, conclui-se que esse produto foi aplicado durante:

a) 18 dias b) 19 dias c) 20 dias d) 21 dias e) 22 dias

133 Sejam as sequências f e g respectivamente definidas por $a_n = n^3$, $n \in N \mid n \geqslant 1$ e por $b_{n-1} = a_{n+1} - a_{n-1}$, $n \in N \mid n \geqslant 2$.

Nessas condições, determine:

a) Os 6 primeiros elementos de f.

b) Os 4 primeiros elementos de g.

c) A lei de posição que calcula b_{n-1} em função de n.

---

134 Sejam as sequências f, g e h, assim definidas:

$f = \{a_n \mid a_n = 3n - 10, n \in N^*\}$

$g = \{b_n \mid b_n = 9 - 2n, n \in N^*\}$

$h = \{c_n \mid c_n = a_{b_n}, n \in N^* \text{ e } n \leqslant 4\}$

Nessas condições determine:

a) Os 7 primeiros termos de f.

b) Os 7 primeiros termos de g.

c) Todos os termos de h.

d) Uma lei de posição que calcule c_n em função de n.

---

135 No dia primeiro de janeiro de um determinado ano o preço de uma mercadoria era k e no dia primeiro de cada mês, a paritr de primeiro de fevereiro, o preço era remarcado com valor 10% acima do preço anterior. Considere a sequência formada pelos preços no dia primeiro de cada mês, a partir de janeiro. Dê o termo geral desta sequência naquele ano.

---

136 Em cada caso temos uma PA, sendo:

a) $a_1 = 15$ e $r = 8$, determine a_{30}.

b) $a_4 = -8$ e $a_{11} = 27$, determine r.

c) $a_{15} = 45$ e $r = -6$, determine a_1.

d) $a_7 = 13$ e $a_{15} = -19$, determine a_{25}.

e) $a_{15} = \frac{1}{2}$ e $a_{21} = \frac{2}{3}$, determine a_3.

f) $a_p = 20$, $a_q = 130$ e $r = 11$, determine $q - p$.

---

137 Dadas as progressões aritméticas, dizer que termo (posição) é o número 197 nos casos:

a) (1, 5, 9, 13, ...)

b) (– 64, – 55, ...)

c) (11, 23, ...)

d) (937 – 40a, 900 – 38a, ...)

---

138 Determine a razão da PA nos casos:

a) $a_{13} = -7$ e $a_{30} = \frac{3}{2}$

b) $a_p = -13$ e $a_{p+7} = 64$

c) $a_3 + a_8 = 28$ e $a_4 + a_{10} = 10$

d) $a_p = p$ e $a_q = q$, $p \neq q$

e) $a_p = q$ e $a_q = p$, $p \neq q$

---

139 Determine o número de termos de PA nos casos:

a) (– 17, 1, ... , 325)

b) $\left(\frac{2}{3}, \frac{1}{2}, \ldots, \frac{-16}{3}\right)$

Resp: **123** A **124** B **125** B **126** $x' = 5$ e $x'' = \frac{1}{2}$ **127** B **128** 64 dias. **129** D

140 Determine quantos são os múltiplos de

a) 3 e 5 que estão entre 160 e 1 370.

b) 4 e 6 que estão entre 450 e 1 390.

c) 3 ou 5 que estão entre 221 e 1 087.

d) 6 ou 8 que estão entre 125 e 1 039.

e) 7, mas não de 3, que estão entre 229 e 2 453.

f) 12, mas não de 18, que estão entre 1 000 e 4 000.

---

141 Determine a soma dos termos de PA, finita, nos casos:

a) $a_1 = 1$, $a_n = 23$ e $n = 200$.

b) a_7 e a_{20} são equidistantes dos extremos e $a_7 + a_{20} = 40$.

c) $a_{21} = 30$ é termo central.

d) $a_{17} = a_{18} = 40$ e a_{17} e a_{18} são termos centrais.

e) PA = (7, 13, 19, ... , a_{30}).

f) PA = (6, 13, 20, ... , 279).

---

142 Em cada caso temos uma PA. Dados:

a) $a_1 = \frac{2}{5}$ e $a_{20} = \frac{3}{2}$, determine S_{20}.

b) $a_1 = -20$ e $r = 9$, determine S_{25}.

c) $a_1 = 31$ e $a_7 = 73$, determine S_{40}.

---

143 Em cada caso temos uma PA. Dados:

a) $a_1 = -3$ e $S_{25} = 1125$, determine r .

b) $S_{20} = 1230$ e $r = 11$, determine a_1.

c) $a_1 = 13$, $r = 7$ e $S_n = 3888$, determine n.

---

144 Resolver:

a) Os ângulos de um triângulo formam uma PA. Mostre que um dos ângulos mede 60°.

b) Os ângulos internos de um pentágono convexo estão em PA e o ângulo maior excede o menor em 20°. Determine os ângulos deste pentágono.

c) Os ângulos internos de um pentadecágono convexo formam uma PA e a diferença entre o maior e o menor é 14°. Determine os ângulos deste pentadecágono.

d) Um polígono convexo, cujos ângulos internos estão em PA, tem um ângulo de 140°, qualquer que seja a razão desta PA. Qual é esse polígono?

---

145 Resolver:

a) Os ângulos de um triângulo retângulo estão em PA. Determine os ângulos desse triângulo.

b) Os lados de um triângulo retângulo estão em PA de razão k. Determine o raio da circunferência inscrita neste triângulo.

---

146 Mostre que se os lados de um triângulo estão em PA e os ângulos também estão em PA, então esse triângulo é equilátero.

147 Em cada caso temos uma PG. Sendo:

a) $a_1 = \frac{1}{8}$ e $q = \sqrt{2}$, determine a_{10}.

b) $a_{20} = \left(\frac{2}{3}\right)^{16}$ e $q = \frac{2}{3}$, determine a_1.

c) $a_7 = \frac{1}{27}$ e $a_{12} = 288$, determine q.

d) $a_{10} = 192$ e $a_{14} = 972$, determine q.

e) $a_7 = 2\sqrt{2}$ e $q = \sqrt[4]{8}$, determine a_{14}.

f) $a_{13} = 4$ e $a_9 = \frac{1}{36}$, determine a_6.

g) $a_m = 10368\sqrt{6}$, $a_n = 3\sqrt{2}$ e $q = 2\sqrt{3}$, determine $m - n$.

---

148 Em uma PG infinita sabemos que $a_{16} \cdot a_{22} = k$. Determine:

a) $a_{10} \cdot a_{28}$

b) $a_1 \cdot a_{37}$

c) a_{19}^2

---

149 Qual número devemos somar aos termos da sequência (15, 9, 5) para obtermos uma PG?

---

150 Em cada caso temos uma PG. Dados:

a) $a_1 = 2$, $q = 2$, determine S_{10}.

b) $a_1 = 1$, $a_6 = 243$, determine S_9.

c) $a_1 = 8$, $a_{12} = \frac{1}{256}$, determine S_8.

---

151 Quantos termos, a partir do primeiro, devemos tomar da PG (81, 54, ...) para que a soma deles seja $\frac{58025}{243}$?

---

152 Três números formam uma progressão geométrica. O quadrado do segundo é 100 e a soma do primeiro com o terceiro é 52. Determine esses números.

---

153 Achar uma PG de 4 termos na qual a soma dos extremos é 27 e o produto dos meios é 72.

---

154 Determine uma progressão geométrica na qual a soma dos cincos primeiros termos é 31 e a soma do segundo ao sexto é 62.

Resp: **130** $a = \frac{4}{5}$ e $b = -\frac{4}{5}$ **131** A **132** D **133** a) $f = (1, 8, 27, 64, 125, 216, ...)$ b) $g = (26, 56, 98, 152, ...)$ c) $b_{n-1} = 6n^2 + 2$, $n \in N \mid n \geq 2$ d) $c_n = 17 - 6n$, $1 \leqslant n \leqslant 4$ d) $a_{25} = -59$ e) $a_3 = \frac{1}{6}$ f) $q - p = 10$ **134** a) $f = (-7, -4, -1, 2, 5, 8, 11, ...)$ b) $g = (7, 5, 3, 1, -1, -3, -5, ...)$ c) $h = (11, 5, -1, -7)$ **135** $a_n = (1, 1)^{n-1} k$, $1 \leqslant n \leqslant 12$ **136** a) $a_{30} = 247$ b) $r = 5$ c) $a_1 = 129$ **137** a) 50º b) 30º c) 197 não é termo desta PA d) 21º **138** a) $r = \frac{1}{2}$ b) $r = 11$ c) $r = -6$ d) $r = 1$ e) $r = -1$ **139** a) $n = 20$ b) $n = 37$

155 Ache a soma dos infinitos termos de uma PG decrescente sabendo que a soma do primeiro com o quarto termos é 54 e a soma do segundo com o terceiro é 36.

---

156 Em uma PG infinita decrescente a soma dos termos de índices ímpares é 36 e a soma dos termos de índices pares é 12. Ache essa progressão.

---

157 A soma dos termos de um PG infinita decrescente é 56 e a soma dos quadrados dos seus termos é 448. Ache o primeiro termo e a razão.

---

158 Determinar a geratriz da dízima periódica nos casos:

a) $1,0\overline{6}$

b) $1,12\overline{15}$

---

159 (UNICAMP-2018) Dois anos atrás certo carro valia R$ 50 000,00 e atualmente vale R$ 32 000,00. Supondo que o valor do carro decresça a uma taxa anual constante, daqui a um ano o valor do carro será igual a

a) R$ 25 600,00 .
b) R$ 24 400,00.
c) R$ 23 000,00.
d) R$ 18 000,00.

---

160 (UNESP-2018) A figura mostra cinco retângulos justaspostos de uma sequência. Todos os retângulos possuem mesma altura, igual a 1 cm.

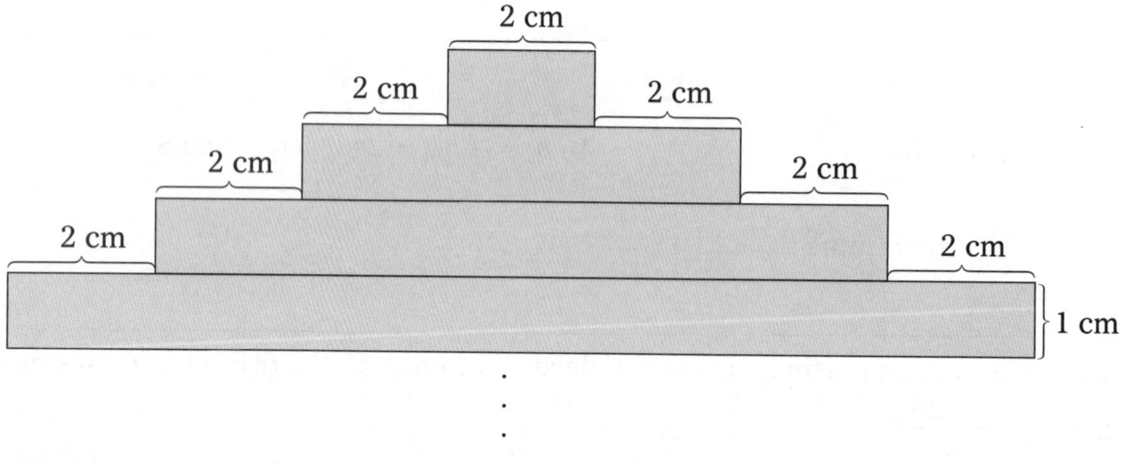

Sabendo que 1 m^2 equivale a 10 000 cm^2 e que a sequência é constituida por 100 retângulos, a figura formada tem área igual a

a) 2, 5m^2.
b) 4 m^2.
c) 2 m^2.
e) 4, 5 m^2.

---

161 (UFRGS-2018) Em uma escola, as turmas de ensino médio totalizam 231 estudantes. Para uma atividade festiva na escola, todos esses estudantes foram dispostos em filas, obedecendo à seguinte disposição: 1 estudante na primeira fila, 2 estudantes na segunda, fila, 3 estudantes na terceira fila, e assim sucessivamente.

O número de filas que foram formadas com todos os estudantes é

a) 19.
b) 21.
c) 22.
d) 23.
e) 25.

---

162 (PUCRJ-2018) Sabendo que os números da sequência (y, 7, z, 15) estão em progressão aritmética, quanto vale a soma y + z?

a) 20
b) 14
c) 7
d) 3,5
e) 2

163 (ENEM-2018) Um quebra-cabeça consiste em recobrir um quadrado com triângulos retângulos isósceles, como ilustra a figura.

Uma artesã confecciona um quebra-cabeça como o descrito, de tal modo que a menor das peças é um triângulo retângulo isósceles cujos catetos medem 2 cm.

O quebra-cabeça, quando montado, resultará em um quadrado cuja medida do lado, em centímetro, é

a) 14 b) 12 c) $7\sqrt{2}$ d) $6+4\sqrt{2}$ e) $6+2\sqrt{2}$

---

164 (ESPCEX (AMAN) 2019) Uma fábrica de tratores agrícolas, que começou a produzir em 2010, estabeleceu como meta produzir 20 000 tratores até o final do ano de 2025. O gráfico abaixo mostra as quantidades de tratores produzidos no período 2010-2017.

Admitindo que a quantidade de tratores produzidos evolua nos anos seguintes segundo a mesma razão de crescimento do período 2010-2017, é possível concluir que a meta prevista

Fábrica Boa Safra
Quantidade anual de tratores fabricados

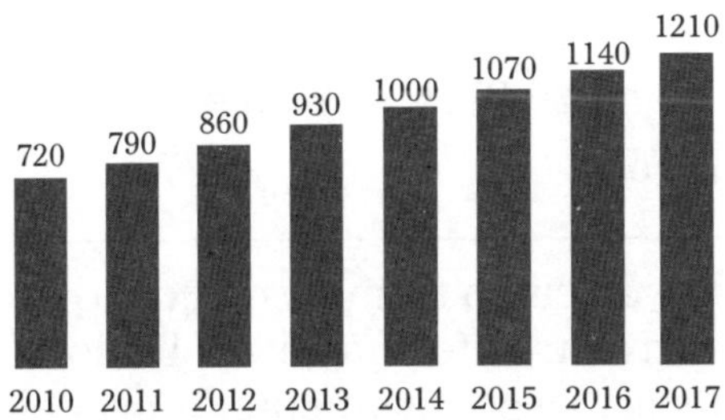

Desenho ilustrativo fora de escala

a) deverá ser atingida, sendo superada em 80 tratores.

b) deverá ser atingida, sendo superada em 150 tratores.

c) não deverá ser atingida, pois serão produzidos 1 850 tratores a menos.

d) não deverá ser atingida, pois serão produzidos 150 tratores a menos.

e) não deverá ser atingida, pois serão produzidos 80 tratores a menos.

---

165 (PUCRJ-2018) Sabendo que os números da sequência (5, m, n, 10) estão em progressão geométrica, quanto vale o **produto mn**?

a) 10 b) 20 c) 50 d) 100 e) 225

---

166 (ESPM-2018) O vigésimo termo da PA (x, 3 + x, 2x + 1, ...) é igual a:

a) 56 b) 62 c) 69 d) 74 e) 81

---

167 (UFRGS-2019) Desde a Grécia Antiga, sabe-se que a soma dos números ímpares consecutivos, a partir do 1, é sempre um quadrado perfeito. Como exemplo, tem-se

$1 = 1^2$

$1 + 3 = 2^2$

$1 + 3 + 5 = 3^2$

$1 + 3 + 5 + 7 = 4^2$

Então, a soma de todos os números ímpares menores do que 100 é

a) 42^2 b) 49^2 c) 50^2 d) 99^2 e) 100^2

Resp: **140** a) 81 b) 78 c) 404 d) 229 e) 212 f) 166 **141** a) 2400 b) 520 c) 1230 d) 1360 e) 2820 f) 5700

142 a) 19 b) 2200 c) 6700 d) 1665 e) 7995 **143** a) r = 4 b) $a_1 = -43$ c) 32

144 a) Sendo r a razão e x a medida de um ângulo, temos: $(x - r, r, x + r) \Rightarrow x - r + x + x + r = 180° \Rightarrow 3x = 180° \Rightarrow x = 60°$

b) (98°, 103°, 108°, 113°, 118°) c) (149°, 150°, 151°, ..., 163°) d) eneágono

145 a) 30°, 60°, 90° b) k **147** a) $a_{10} = 2\sqrt{2}$ b) $a_1 = \frac{27}{8}$ c) q = 6 d) $a_q = \pm\frac{3}{2}$ e) $a_{14} = 64\sqrt[4]{8}$

f) $a_6 = \pm\frac{\sqrt{3}}{2592}$ g) 7 **148** a) k b) k c) k **149** 3 **150** a) 2046 b) 9841 c) $\frac{255}{16}$ **151** n = 10

152 (2, 10, 50) ou (2, – 10, 50) ou (50, 10, 2) ou (50, – 10, 2) **153** (3, 6, 12, 24) ou (24, 12, 6, 3) **154** (1, 2, 4, 8,...)

168 (UPF-2019) De uma progressão aritmética a_n de razão r, sabe-se que $a_8 = 16$ e $a_{14} = 4$. Seja S_n a soma dos n primeiros termos de a_n. O menor valor de n, de modo que $S_n = 220$, é

a) 12. b) 11. c) 14. d) 16. e) 18.

---

169 (G1-CMRJ-2018) Observe, na figura abaixo, a quantidade de mesas e o número máximo de lugares disponíveis em cada configuração:

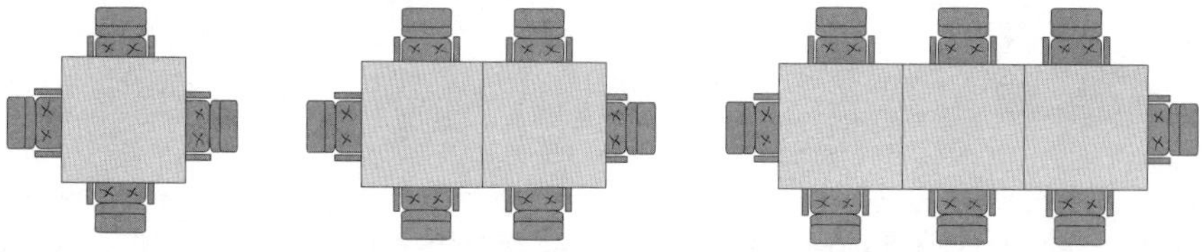

Considere que a sequência de configurações continue, segundo o padrão apresentado. Então, a soma dos algarismos do número máximo de lugares disponíveis em uma configuração com 75 mesas é igual a

a) 14. b) 12. c) 10. d) 8. e) 6.

---

170 (MACKENZIE-2019) Se $1 + 4 + 7 + 10 + ... + N = 925$, então o valor de N é igual a:

a) 69 b) 71 c) 73 d) 75 e) 77

---

171 (USF - 2018) Considere uma progressão aritmética crescente de cinco termos, na qual o produto do primeiro com o quinto termo é 45 e a soma dos outros três termos é 27. Dado que o segundo e o quarto termos dessa progressão aritmética são, respectivamente, o primeiro e o segundo termos de uma progressão geométrica, é possível afirmar, corretamente, que o décimo termo da progressão geométrica assim definida vale

a) 12 288. b) 30. c) 6 144. d) 60. e) 3 072.

---

172 (ACAFE-2018) Uma famosa rede de supermercados resolve fazer uma grande promoção de determinado produto. Para tanto, resolve organizar os produtos de maneira a formar pilhas em uma sequência, conforme indica a figura a seguir. Cada cubo, na figura, corresponde a um produto.

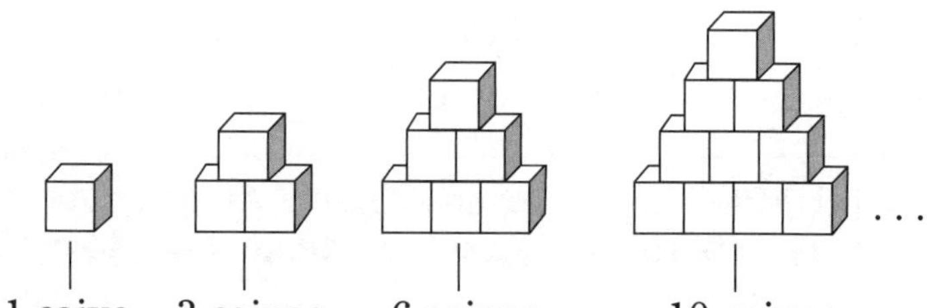

Pretende-se continuar construindo a sequência até a vigésima quarta pilha de produtos. Quantos produtos serão necessários para formar a **última** pilha de produtos dessa sequência?

a) 360 b) 240 c) 320 d) 300

---

173 (FUVEST-2019) Resolva os três itens abaixo.

a) O primeiro termo de uma progressão geométrica de razão positiva é 5 e o terceiro termo é 45. Calcule a soma dos 6 primeiros termos dessa progressão.

b) Calcule a soma dos números inteiros positivos menores do que 112 e não divisíveis por e 4.

c) A soma dos n primeiros termos de uma progressão aritmética é $n(2n + 1)$, qualquer que seja $n \geq 1$. Encontre o vigésimo termo dessa progressão.

174 (G1-COTUCA - 2019) João brinca com palitos de fósforo montando figuras. Na 1ª etapa, monta um triângulo e, nas etapas seguintes, vai acrescentando triângulos conforme a sequência respresentada baixo. O número de palitos de fósforo necessários e suficientes para a construção da 10ª etapa é:

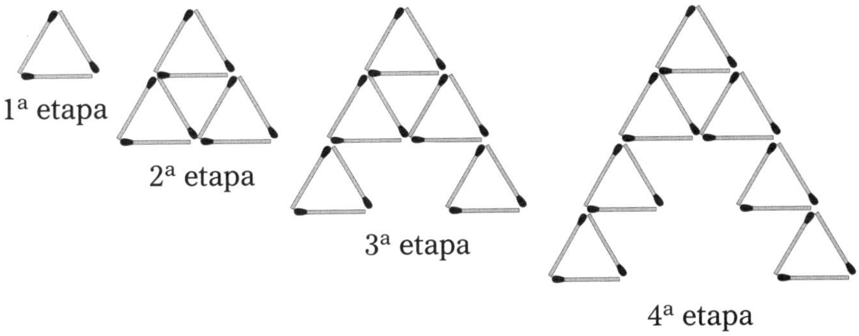

a) 51. b) 54. c) 57. d) 60. e)63.

---

175 (ESPM-2018) A sequência S = (sen 60º, 1 + sen 30º, 3 cos 30º) é:

a) uma PA de razão tg 30º.
b) uma PG de razão sen 60º.
c) uma PA de razão tg 45º.
d) uma PA de razão 1 + sen 60º.
e) uma PG de razão tg 60º.

---

176 (UNICAMP-2018) Considere a sequência de números reais $(a_1, a_2, a_3, a_4, a_5)$ tal que (a_1, a_2, a_3) é uma progressão geométrica e (a_3, a_4, a_5) é uma progressão aritmética , ambas com a mesma razão w.

a) Determine a sequência no caso em que $a_3 = 3$ e $w = 2$.
b) Determine todas as sequência tais que $a_1 = 1$ e $a_5 = 8$.

---

177 (MACKENZIE - 2018) Se A, B, C e D são termos consecutivos de uma progressão aritmética e $C^2 - B^2 \neq 0$ então o valor de $\dfrac{D^2 - A^2}{C^2 - B^2}$ é

a) 0 b) 1 c) 3 d) 5 e) 7

---

178 (URFRGS - 2018) Considere a função real f definida por $f(x) = 2^{-x}$.
O valor da expressão $S = f(0) + f(1) + f(2) + ... + f(100)$ é

a) $S = 2 - 2^{-101}$.
b) $S = 2^{50} + 2^{-50.}$
c) $S = 2 + 2^{-101}$.
d) $S = 2 + 2^{-100}$.
e) $S = 2 - 2^{-100}$.

---

179 (UEFS - 2018) Uma progressão aritmética (PA) possui 17 termos, todos positivos. A diferença entre o maior termo (a_{17}) e o menor termo (a_1) dessa PA é igual a 48. Sabendo que, dentre os números primos que ocorrem nessa PA, 13 é o menor e 43 é o maior , o valor de $a_1 + a_{17}$ é

a) 59. b) 62. c) 65. d) 68. e) 71.

---

180 (FGV-2018) Os termos de uma sequência são definidos recursivamente por $\begin{cases} a_1 = 5 \\ a_n = 2 + a_{n-1} \end{cases}$

para todo $n \in \mathbb{N}$, $n \geqslant 2$. Sendo assim, a soma dos n primeiros termos dessa sequência será dada pela expressão

a) $7n - 2$. b) $3{,}5n^2 - 3{,}5n + 5$. c) $n^2 - 17n + 60$. d) $n^2 + 4n$. e) $2n + 3$.

---

181 (MACKENZIE-2019) Se o quarto termo de uma progressão geométrica é 2, então o produto dos seus 7 primeiros termos é igual a:

a) 108 b) 128 c) 148 d) 168 e) 188

Resp: **168** 96 **156** $\left(32, \frac{32}{3}, \frac{32}{9}, ...\right)$ **157** $a_1 = 14,\ q = \frac{3}{4}$ **158** a) $\frac{16}{15}$ b) $\frac{3701}{3300}$ **159** A **160** D **161** B
162 B **163** A **164** E **165** C **166** B **167** C

III JUROS SIMPLES

Em compras a prazo (no comércio em geral), nos empréstimos bancários, nos financiamentos para compra de imóveis ou aplicações financeiras, aparece sempre os **juros**, que podem ser **simples** ou **composto**.

Por exemplo, uma pessoa que aplica R$ 3 000,00 durante 2 meses a uma taxa de 5% ao mês (que pode ser a juros simples ou composto), receberá de juros, após dois meses:

(I) Se for juros simples:

$$J - \underbrace{5\%\,(3\,000)}_{1^{o}\text{ mês}} + \underbrace{5\%\,(3\,000)}_{2^{o}\text{ mês}} = \frac{5}{100}(3\,000) + \frac{5}{100}(3\,000) \Rightarrow$$

$J = 150 + 150 \Rightarrow J = 300 \Rightarrow$ Juros de R$ 300,00.

Se ela interrompe a aplicação, retirará no final de 2 meses um montante de
$3\,000 + 300 = 3\,300 \Rightarrow M =$ R$ 3 300,00.

(II) Se for juros composto: Como $5\%(3\,000) = \frac{5}{100}(3\,000) = 150$, temos:

$$J = \underbrace{5\%\,(3\,000)}_{1^{o}\text{ mês}} + \underbrace{5\%\,[3\,000 + 5\%\,(3\,000)]}_{2^{o}\text{ mês}} = 150 + \frac{5}{100}[3\,000 + 300] \Rightarrow$$

$$J = 150 + \frac{5}{100}(3\,300) = 150 + 165 = 315 \Rightarrow \text{R\$ } 315{,}00$$

Note que no segundo mês o juros foi calculado não apenas sobre o capital inicial e sim, sobre o montante obtido após o primeiro mês.

Se ela interrompe a aplicação, retirará no final de 2 meses um montante de

$3\,000 + 315 = 3\,315 \Rightarrow M =$ R$ 3 315,00.

Notação: C – **capital inicial** ou **principal**. É o valor tomado emprestado ou o valor aplicado ou o valor financiado.

J – **Juros**. É o custo a ser pago por um empréstimo ou o rendimento de uma aplicação, etc.

i – **taxa** ou **taxa de juros**. É, quase sempre, uma taxa centesimal que é expressa em porcentagem, que pode ser transformada em fração centesimal o número decimal.

M – **montante**: (M = C + J). É no caso da dívida, o total a ser pago no final do prazo estabelecido ou o total a ser recebido após o final da aplicação.

t – **tempo**. É o número de dias, meses ou anos em que o capital ficará aplicado ou o prazo em que a dívida será quitada.

Resp: **168** B **169** D **170** C **171** E **172** D **173** a) 1820 b) 4704 c) 79 **174** C **175** D **176** a) $\left(\frac{3}{4}, \frac{3}{2}, 3, 5, 7\right)$ b) (1 , – 4, 16, 12, 8) ou (1, 2, 4, 6, 8) **177** C **178** E **179** C **180** D **181** B

Nos juros simples, multiplicamos a taxa sempre pelo capital inicial, para obter os juros no final de cada unidade de tempo adotado. Se montarmos uma sequência dos montantes obtidos nos finais de cada mês, obtemos uma PA com primeiro termo $M = C + C \cdot i$ e razão $C \cdot i$.

Observe:

C = capital inicial, $J = Ci$ após o final de cada mês.

Sendo $M_1, M_2, M_3, \ldots$ os montantes após (em meses) o 1º mês, 2º mês, 3º meses, ... , respectivamente, temos:

$M_1 = C + Ci$; $M_2 = M_1 + Ci = C + Ci + Ci \Rightarrow M_2 = C + 2\,Ci$

$M_3 = M_2 + Ci = C + 2Ci + Ci \Rightarrow M_3 = C + 3Ci$

Obtemos: $(M_1, M_2, M_3, \ldots) = (C + C \cdot i, C + 2C \cdot i, C + 3C \cdot i, \ldots)$

É uma PA de razão $J = C \cdot i$.

Ci é o juros no final do 1º mês, $2C \cdot i$ é o juros acumulado no final do 2º mês, etc.

No final de t meses o juros acumulado será de $J = C \cdot i \cdot t$

e o montante final será $M = C + J$. Então:

$J = C \cdot i \cdot t$ e $M = C + C \cdot i\, t = C\,(1 + it)$

$$\boxed{J = C \cdot i \cdot t \quad \text{e} \quad M = C(1 + i \cdot t)}$$

Obs.: 1) Quando escrevemos a PA = $(C, C + C \cdot i, C + 2C \cdot i, \ldots, C + tC \cdot i)$, o segundo termo é o montante no final de 1º mês, o terceiro e o montante no final do 2º mês, etc.

2) Quando escrevemos a PA = $(C + C \cdot i, C + 2C \cdot i, \ldots, C + tC \cdot i)$

O primeiro termo é o montante no final do 1º mês, o segundo é o montante no final do 2º mês, etc.

3) Quando em um problema o tempo for unitário, por exemplo, um mês, um bimestre, um trimestre, etc, o problema de juros se transforma em um simples problema de porcentagem.

Exemplo 1: Um capital de R$ 5 000,00 foi aplicado à taxa de 15% ao, ano durante 1 ano. Determinar os juros rendidos e o montante retirado.

Resolução: $J = C \cdot i \Rightarrow J = 5\,000 \cdot 15\% = \frac{15}{100} \cdot 5\,000 \Rightarrow J = 750$

$M = C + J \Rightarrow M = 5\,000 + 750 \Rightarrow M = 5\,750.$

Resp: R$ 750,00 e R$ 5 750,00

Exemplo 2: Um capital de R$ 4 000,00 foi aplicado durante um ano e o montante retirado foi de R$ 4 480,00. Qual foi a taxa anual nesta aplicação?

Resolução: 1) $J = M - C \Rightarrow J = 4\,480 - 4\,000 \Rightarrow J = 480$

2) $J = C \cdot i \Rightarrow 480 = 4\,000 \cdot i \Rightarrow i = \dfrac{480}{4\,000} = \dfrac{48}{400} \Rightarrow$

$i = \dfrac{12}{100} \Rightarrow \boxed{i = 12\%}$

Resposta: 12%

Exemplo 3: Qual foi o capital que aplicado em um trimestre a uma taxa de 8% ao trimestre rendeu um juros de R$ 240,00?

Resolução: $J = C \cdot i \Rightarrow 240 = C \cdot 8\% \Rightarrow \dfrac{8}{100}C = 240 \Rightarrow$

$C = \dfrac{100}{8}(240) \Rightarrow C = 100(30) \Rightarrow \boxed{C = 3\,000}$

Resposta: R$ 3 000,00

Exemplo 4: Qual o caplital que aplicado em um semestre a uma taxa semestral de 18%, produziu um montante de R$ 5 310,00?

Resolução: $C + J = M \Rightarrow C + C \cdot i = M \Rightarrow C + C \cdot 18\% = 5\,310 \Rightarrow$

$C + \dfrac{18}{100}C = 5\,310 \Rightarrow C + \dfrac{9}{50}C = 5\,310 \Rightarrow 50C + 9C = 5\,310 \cdot 50$

$59C = 5\,310 \cdot 50 \Rightarrow C = \dfrac{5\,310}{59} \cdot 50 \Rightarrow C = 90 \cdot 50 \Rightarrow \boxed{C = 4\,500}$

Resp: R$ 4 500,00

Exemplo 5: Um capital de R$ 3 000,00 foi aplicado a juros simples, durante 7 meses a uma taxa de 2% ao mês. Qual o juros produzido e qual o montante obtido?

Resolução: Neste caso o tempo é de 7 meses e a taxa é de 2% ao mês.

Devemos aplicar a fórmula $J = C \cdot i \cdot t$.

1) $J = C \cdot i \cdot t \Rightarrow J = 3\,000 \cdot 2\% \cdot 7 \Rightarrow$

$J = 3\,000 \cdot \dfrac{2}{100} \cdot 7 \Rightarrow J = 30 \cdot 2 \cdot 7 \Rightarrow J = 60 \cdot 7 \Rightarrow$

$J = 420 \Rightarrow \boxed{J = R\$\,420,00}$

2) $M = C + J \Rightarrow 3\,000 + 420 \Rightarrow M = 3\,420 \Rightarrow$

Resposta: R$ 420,00 e R$ 3 420,00

Exemplo 6: Um capital de R$ 5 000,00 foi aplicado a juros simples durante um ano e meio à uma taxa de 2,5% ao mês. Determinar o juros e o montante.

Resolução: 1) Como a taxa é de 2,5% ao mês, devemos transformar 1 ano e meio em meses.

$$t = 1 \text{ ano} + 6 \text{ meses} \Rightarrow t = (12 + 6) \text{ meses} \Rightarrow t = 18 \text{ meses}$$

2) $J = C \cdot i \cdot t \Rightarrow J = 5\,000 \cdot 2{,}5\% \cdot 18 \Rightarrow J = 5\,000 \cdot \dfrac{2{,}5}{100} \cdot 18 \Rightarrow$

$$J = 50 \cdot 2{,}5 \cdot 18 \Rightarrow J = 5 \cdot 25 \cdot 18 \Rightarrow \boxed{J = 2\,250}$$

3) $M = C + J \Rightarrow M = 5\,000 + 2\,250 \Rightarrow \boxed{M = 7\,250}$

Resp: R$ 2 250,00, R$ 7 250,00

Exemplo 7: Um capital de R$ 6 000,00 aplicado a juros simples a uma taxa mensal de 3% rendeu um juros de R$ 1 440,00. Durante quanto tempo este capital foi aplicado?

Resolução: $J = C \cdot i \cdot t \Rightarrow 1\,440 = 6\,000 \cdot 3\% \cdot t \Rightarrow$

$$\Rightarrow 1\,440 = 6\,000 \cdot \frac{3}{100} \cdot t \Rightarrow 1\,440 = 60 \cdot 3t \Rightarrow 144 = 6 \cdot 3t \Rightarrow$$

$18\,t = 144 \Rightarrow t = 8 \Rightarrow t = 8$ meses, pois a taxa é mensal.

Resp: 8 meses

Exemplo 8: Um capital de R$ 2 000,00 aplicado a juros simples rendeu durante 2 anos juros de R$ 1 680,00. Qual foi a taxa mensal desta aplicação?

Resolução: 1) $t = 2$ anos $\Rightarrow t = 24$ meses, para determinar taxa mensal.

2) $J = C \cdot i \cdot t \Rightarrow 1\,680 = 2\,000 \cdot i \cdot 24 \Rightarrow i = \dfrac{168}{200 \cdot 24} \Rightarrow$

$$i = \frac{84}{100 \cdot 24} = \frac{42}{100 \cdot 12} = \frac{7}{100 \cdot 2} = \frac{3{,}5}{100} = 3{,}5\% \Rightarrow \boxed{i = 35\%}$$

Resposta: 3,5% ao mês

Exemplo 9: Qual é o capital que aplicado a juros simples durante 30 meses a uma taxa anual de 26% rendeu juros de R$ 4 550,00?

Resolução: 1) $t = 30$ meses $= \dfrac{30}{12}$ anos $= \dfrac{5}{2}$ anos, pois a taxa é anual.

2) $J = C \cdot i \cdot t \Rightarrow 4\,550 = C \cdot 26\% \cdot \dfrac{5}{2} \Rightarrow 4\,550 = C \cdot \dfrac{26}{100} \cdot \dfrac{5}{2} \Rightarrow$

$$4\,550 = \frac{13}{20} C \Rightarrow C = \frac{4\,550 \cdot 20}{13} \Rightarrow C = 350 \cdot 20 \Rightarrow \boxed{C = 7\,000}$$

Resp: R$ 7 000,00

Exemplo 10: Qual é o capital que a juros simples, aplicado à taxa de 3% ao mês durante 1 ano e 4 meses produziu um montante de R$ 8 140,00?

Resolução: 1) t = 1 ano, 4 meses ⇒ t = (12 + 4) meses ⇒ t = 16 meses, pois a taxa é mensal.

2) $M = C + J \Rightarrow M = C + C \cdot i \cdot t \Rightarrow M = C(1 + it) \Rightarrow$

$$8\,140 = C\,(1 + 3\% \cdot 16) \Rightarrow 8\,140 = C\left(1 + \frac{3}{100} \cdot 16\right) \Rightarrow$$

$$8\,140 = C\left(1 + \frac{3}{25} \cdot 4\right) \Rightarrow 8\,140 = C\left(1 + \frac{12}{25}\right) \Rightarrow 8\,140 = \frac{37}{25} \cdot C \Rightarrow$$

$$C = \frac{25}{37}(8\,140) \Rightarrow C = 25\,(220) \Rightarrow \boxed{C = 5\,500}$$

Resp: R$ 5 500,00

182 Um capital de R$ 4 500,00 foi aplicado durante um trimestre à uma taxa trimestral de 9%. Determinar os juros e o montante obtidos.

183 Um capital de R$ 7 000,00 foi aplicado durante um ano e produziu um montante de R$ 8 750,00. Qual foi a taxa anual nesta aplicação?

184 Qual o capital que aplicado a 12% ao trimestre rendeu no fim de um trimestre um montante de R$ 7 280,00?

185 Qual foi o capital que aplicado a uma taxa anual de 24% rendeu em um ano R$ 1 920,00?

---

186 R$ 5 000,00 foi aplicado a juros simples a uma taxa de 3% ao mês durante 8 meses. Determinar os juros e o montante obtidos.

---

187 Um capital de R$ 9 500,00 foi aplicado a juros simples durante dois anos e meio à taxa mensal de 3,5%. Qual os juros e o montante obtidos?

188 Um capital de R$ 5 000,00 aplicado a juros simples a uma taxa de 2,5% ao mês rendeu um juros de R$ 2 250,00. Durante quanto tempo este capital ficou aplicado?

---

189 Um capital de R$ 3 000,00 aplicado a juros simples rendeu durante 3 anos juros de R$ 2 520,00. Qual foi a taxa anual desta aplicação?

---

190 Um capital de R$ 5 000,00 aplicado a juros simples durante 2 anos rendeu juros de R$ 2 880,00. Qual foi a taxa mensal desta aplicação?

---

191 Durante 15 meses um capital de R$ 4 000,00 aplicado a juros simples rendeu R$ 1500,00 de juros. Qual foi a taxa mensal desta aplicação?

Resp: **182** J = R$ 405,00 , M = R$ 4905, 00 **183** 25% **184** R$ 6 500,00

192 Qual o capital que a juros simples, aplicado a uma taxa de 2,5% ao mês durante 9 meses produziu um montante de R$ 7 350,00?

193 Um capital de R$ 30 000,00 é investido a juros simples, durante 1 ano e 3 meses à taxa de 1,5% ao mês. Determinar o montante obtido.

194 Um banco empresta R$ 500 000,00 a uma pessoa pelo prazo de meio ano, cobrando juros simples com uma taxa mensal de 3,5%. E o banco paga durante este mesmo tempo, a uma pessoa que aplicou esta mesma quantia no banco, juros simples com uma taxa mensal de 0,5% ao mês. Qual é diferença entre os juros recebidos e pagos por este banco?

195 Qual o capital que aplicado a juros simples, à taxa de 2,6% ao mês produz em 1 ano e 2 meses um montante de R$ 16 368,00.

---

196 João aplicou R$ 2 000,00 a juros simples, a uma taxa de 1,5% ao mês e no final de 6 meses retirou tudo e aplicou este montante em uma outra instituição financeira, a juros simples, durante 8 meses, retirando no final um montante de R$ 2 616,00. Qual foi a taxa mensal paga por essa segunda instituição?

---

197 O preço de um terreno que Renato esta comprando é R$ 82 080,00 para um único pagamento daqui a 4 meses ou um pagamento à vista de R$ 78 000,00. Quanto ele deve aplicar no ato da compra, a juros simples em um banco que paga 2% ao mês para no final dos 4 meses pagar o terreno? É mais vantajoso ele fazer a compra a vista ou a prazo?

Resp: **185** R$ 8 000,00 **186** J = R$ 1 200,00 , M= R$ 6 200,00 **187** J = R$ 9 975, 00 , M = R$ 19 475, 00
188 18 meses = 1 ano e meio **189** 28% **190** 2,4% **191** 30%

198 Por aplicações nele, um banco X paga juros simples a uma taxa de 2% ao mês e um banco Y paga juros simples a uma taxa de 3% ao mês. Antônio tem R$ 96 000,00 e quer aplicar uma parte no banco X, por um ano, e outra parte no banco Y por 1 ano e 4 meses. Quanto ele deve colocar em cada banco para que os juros rendidos seja iguais?

---

199 (UFPE-2015) Para comprar um carro, que tem preço à vista de R$ 20 000,00, Júnior optou por um plano de pagamento que consiste de uma entrada no valor de R$ 2 000,00, e o restante, depois de aplicados juros simples de 10% ao ano durante 3 anos, divido em 36 parcelas iguais. Qual o valor da parcela?

a) R$ 610,00 b) R$ 620,00 c) R$ 630,00 d) R$ 640,00 e) R$ 650,00

---

200 (UFCE-2011) José emprestou R$ 500,00 a João por 5 meses, no sistema de juros simples, a uma taxa de juros fixa e mensal. Se no final dos 5 meses José recebeu um total de R$ 600,00, então a taxa fixa mensal aplicada foi de:

a) 0,2% b) 0,4% c) 2% d) 4% e) 6%

201 (FGV-SP-2008) Carlos adquiriu um aparelho de TV em cores pagando uma entrada de R$ 200,00 mais uma parcela de R$ 450,00 dois meses após a compra. Sabendo-se que o preço à vista do aparelho é R$ 600,00.

a) Qual a taxa mensal de juros simples do financiamento?

b) Após quantos meses da compra deveria vencer a parcela de R$ 450,00 para que a taxa de juros simples do financiamento fosse de 2,5% ao mês?

---

202 (ENEM-2018) Um rapaz possui um carro usado e deseja utilizá-lo como parte do pagamento na compra de um carro novo. Ele sabe que, mesmo assim, terá que financiar parte do valor da compra.

Depois de escolher o modelo desejado, o rapaz faz uma pesquisa sobre as condições de compra em três lojas diferentes. Em cada uma, é informado sobre o valor que a loja pagaria por seu carro usado, no caso de a compra ser feita na própria loja. Nas três lojas são cobrados juros simples sobre o valor a ser financiado, e a duração do financiamento é de um ano. O rapaz escolherá a loja em que o total, em real, a ser desembolsado será menor. O quadrado resume o resultado da pesquisa.

Loja	Valor oferecido pelo carro usado (R$)	Valor do carro novo (R$)	Percentual de juros (%)
A	13 500,00	28 500,00	18 ao ano
B	13 000,00	27 000,00	20 ao ano
C	12 000,00	26 500,00	19 ao ano

A quantia a ser desembolsada pelo rapaz, em real, será:

a) 14 000　　b) 15 000　　c) 16 800　　d) 17 255　　e) 17 700

Resp: **192** R$ 6 000,00　**193** R$ 36 750,00　**194** R$ 90 000,00　**195** R$ 12 000,00　**196** 2, 5%
197 R$ 76 000,00. A prazo pois desebolsará 76 000 no ato e não 78 000.

203 (UPESSA-2018) Diante da crise que o país atravessa, uma financeira oferece empréstimos a servidores públicos cobrando apenas juros simples. Se uma pessoa retirar R$ 8 000,00 nessa financeira, à taxa de juro de 16% ao ano, quanto tempo levará para pagar um montate de R$ 8 320,00?

a) 2 meses
b) 3 meses
c) 4 meses
d) 5 meses
f) 6 meses

---

204 (IFCE-2019) Certo capital foi aplicado a uma taxa de juros simples de 3% ao mês. Considerando o mês comercial (30 dias), o montante será o triplo do valor inicial ao final de:

a) 4 anos, 4 meses e 20 dias.
b) 5 anos, 10 meses e 10 dias.
c) 4 anos, 5 meses e 5 dias.
d) 5 anos, 6 meses e 20 dias.
e) 3 anos, 10 meses e 5 dias.

---

205 (USF-2017) Um senhor depositou R$ 1 200,00 na aplicação financeira A e R$ 1 300,00 na aplicação financeira B, em regime de juros simples. As aplicações estão no mesmo banco, com a mesma taxa de juros e durante o mesmo período de tempo.
Sabendo que ao final do período de capitalização as duas aplicações, juntas, renderam R$ 800,00, calcule quanto rendeu cada uma delas.

206 (IFSC-2017) Analise as seguintes situações:

1. Seu João fez um empréstimo de R$ 1 000,00, no banco A, a uma taxa de juros simples; após 4 meses, pagou um montante de R$ 1 320,00 e quitou sua dívida.
2. Dona Maria fez um empréstimo de R$ 1 200,00, no banco B, a uma taxa de juros simples; após 5 meses, pagou um montante de R$ 1 800,00 e quitou a dívida.

Assinale a alternativa CORRETA.

A taxa mensal de juros simples cobrada pelo banco A e pelo banco B, respectivamente é:

a) 8% a.m. e 10% a.m. b) 18% a.m. e 13% a.m. c) 6,4% a.m. e 12,5% a.m.
d) 13% a.m. e 18% a.m. e) 10% a.m. e 8% a.m.

---

207 (UEPG-2016) Paulo tem a quantia de R$ 8 000,00 para aplicar durante quatro meses. Consultando três bancos, recebeu as seguintes propostas de investimento. Analise as propostas e assinale o que for correto.

Proposta I: taxa de 15% ao ano de juros simples.
Proposta II: taxa de 0,04% ao dia de juros simples.
Proposta III: resgate de R$ 8 416,00 no final do período de 4 meses.

a) A proposta I rendeu mais de R$ 300,00 de juros.
b) A proposta II vai produzir um montante superior de R$ 8 400,00
c) A proposta II renderá menos que a proposta III.
d) Se optar pela proposta III, Paulo terá aplicado seu dinheiro a uma taxa de juros simples igual a 6% ao semestre.

Resp: **198** R$ 64 000,00 no X e R$ 32 000,00 no Y **199** E **200** D **201** a) 6,25% a. m. b) 5 meses **202** C

208 (FGV-SP-2003) Um aparelho de TV é vendido por R$ 1 000,00 em dois pagamentos iguais, sem acréscimo, sendo o 1º como entrada e o 2º um mês após a compra. Se o pagamento for feito à vista, há um desconto de 4% sobre o preço de R$ 1 000,00. A taxa mensal de juros simples do financiamento é, aproximadamente, igual a:

a) 8,7% b)7,7% c) 6,7% d) 5,7% e) 4,7%

---

209 (FGV-SP-2004) Roberto Matias investiu R$ 12 000,00 em ações das empresas, A e B. Na época da compra, os preços unitários das ações eram R$ 20,00 para a empresa A e R$ 25,00 para a B.

Depois de algum tempo, o preço unitário de A aumentou em 200% e o de B aumentou apenas 10%. Nessa ocasião, o valor total das ações da carteira era de R$ 17 000,00. A diferença, em valor absoluto, entre as quantidade de ações compradas de A e B foi de:

a) 200 b) 225 c) 300 d) 250 e) 275

---

210 (FAC-ALBERT-EINSTEIN-MEDICINA-2018) Um produto foi comprado em 2 parcelas, a primeira à vista e a segunda após 3 meses, de maneira que, sobre o saldo devedor, incidiram juros simples de 2% ao mês. Se o valor das 2 parcelas foi o mesmo, em relação ao preço do produto à vista, cada parcela corresponde à :

a) $\frac{51}{101}$ b) $\frac{53}{103}$ c) $\frac{55}{105}$ d) $\frac{57}{107}$

211 (UFSC-2017) Em relação às proposições abaixo, é correto afirmar que:

a) Os juros médios no cartão de crédito chegaram, em fevereiro de 2016, ao maior patamar desde outubro de 1995, segundo levamentamento da Anefac. A taxa mensal atingiu 14,72%. Logo, o montante a ser pago por um consumidor que usou R$ 2 000,00 no rotativo do cartão de crédito por 30 dias é de R$ 2 294,40, sem que se levem em conta os outros encargos referentes ao atraso no pagamento da dívida financiada.

b) Em 1987, o governo criou a Unidade Referencial de Preços (URP), que corrigia o salário dos três meses seguintes a partir de uma taxa prefixada com base na média geométrica da inflação dos três meses anteriores. Para os trabalhadores, teria sido mais vantajoso se o governo tivesse utilizado como base a média aritmética da inflação dos três meses anteriores, tendo em vista que a média aritmética é sempre maior ou igual à média geométrica, para quaisquer números positivos dados.

c) $\sum_{n=1}^{k}(2n+2)$ é uma forma de representar a soma dos números que calculamos na expressão $2n + 2$ quando substituímos n por 1, depois por 2, depois por 3 e assim sucessivamente, até $n = k$. O valor de k para que $\sum_{n=1}^{k}(2n+2) = 130$ é 10.

d) Considere uma sucessão infinita de círculos concêntricos em que cada círculo tem diâmetro igual ao dobro do diâmetro do círculo seguinte. Se o primeiro círculo tem raio de 3 cm, então a soma das áreas desses círculos é 18π cm^2.

e) Supondo que na tabela estejam as estaturas de Mafalda e da sua turma (personagens da Mafalda).

Personagem	Altura (cm)
Miguelito	117,5
Susanita	125,4
Libertad	107,3
Mafalda	120
Manolito	116,4
Guille	108,7
Filipe	117,5
Mamã (mãe)	169
Papá (pai)	179,2

Miguelito Susanita Libertad Mafalda Manolito Guille Filipe Mamã (mãe) Papá (pai)

Disponível em: <http://blogmaniadegibi.com/2011/12/conheca-mafalda/>. Acesso em: 20 out. 2016.

Com base nos dados acima, é correto afirmar que a estatura média dos personagens da Mafalda é de 129 cm.

Resp: **203** B **204** D **205** 1ª vendeu R$ 384,00 e a 2ª R$ 416,00 **206** A **207** a) V b) F c) V d) F
208 A **209** C **210** B **211** a) V b) V c) V d) F e) V

IV JUROS COMPOSTOS

Nos juros compostos, multiplicamos a taxa, no final de cada mês, não pelo capital inicial, e sim pelo montante que se tinha no início deste mês, para obter os juros no final de cada unidade de tempo adotado. Se montarmos uma sequência com os montantes obtidos no final de cada mês, obtemos uma PG com primeiro termo $C + C \cdot i$ e razão $q = 1 + i$. Observe:

C = capital inicial, $J = M \cdot i$ no final de cada mês.

Sendo $M_1, M_2, M_3, \ldots$ os montantes após (em meses) o 1º mês, 2º mês, 3º mês, ... , respectivamente, temos:

$$M_1 = C + C \cdot i = C(1 + i) \ ; \ M_2 = M_1 + M_1 \cdot i = M_1(1 + i) \Rightarrow$$

$$M_2 = C(1 + i)(1 + i) \Rightarrow M_2 = C(1 + i)^2$$

Da mesma forma obtemos $M_3 = C(1 + i)^3$. Então:

$(M_1, M_2, M_3, \ldots) = (C(1 + i), C(1 + i)^2, C(1 + i)^3, \ldots)$ é uma PG de razão $q = 1 + i$.

O montante M obtido no final de **t** meses será

$$M = C(1 + i)^t$$

Quando escrevemos a PG = $(C(1 + i), C(1 + 1)^2, \ldots , C(1 + i)^t)$, o 1º termo é o montante obtido no final do 1º mês, o 2º termo é o montante obtido no final do 2º mês, etc.

Quando escrevemos a PG = $(C; C(1 + i), C(1 + i)^2, \ldots , C(1 + i)^t)$, o 2º termo é o montante obtido no final do1º mês, o 3º termo é o montante obtido no final do 2º mês, etc.

As vezes ao invés de usar a variável **t** para o tempo usamos **n** e então a fórmula será:

$$M = C(1 + i)^n$$

Um capital **C** aplicado a juros compostos a, por exemplo, uma taxa mensal igual a **i**, produz os montantes $M_1, M_2, M_3, \ldots$, respectivamente, quando aplicado por 1 mês, 2 meses , 3 meses, ...

Então, temos:

$$M_1 = C(1 + i)^1 \Rightarrow C = \frac{M_1}{1 + i} \quad , \quad M_2 = C(1 + 1)^2 \Rightarrow C = \frac{M_2}{(1 + i)^2}$$

$$M_3 = C(1 + i)^3 \Rightarrow C = \frac{M_3}{(1 + i)^3} \text{ , etc.}$$

Note também que:

$$M_2 = M_1(1 + i) \Rightarrow M_1 = \frac{M_2}{1 + i} \quad , \quad M_5 = M_2(1 + i)^3 \Rightarrow M_2 = \frac{M_5}{(1 + i)^3}$$

Com isto, se um capital ficou aplicado por 15 meses, a juros compostos, à taxa **i** ao mês, e produziu, no final, um montante M, nós conseguimos saber qual era o montante após o final de qualquer mês. Veja o gráfico:

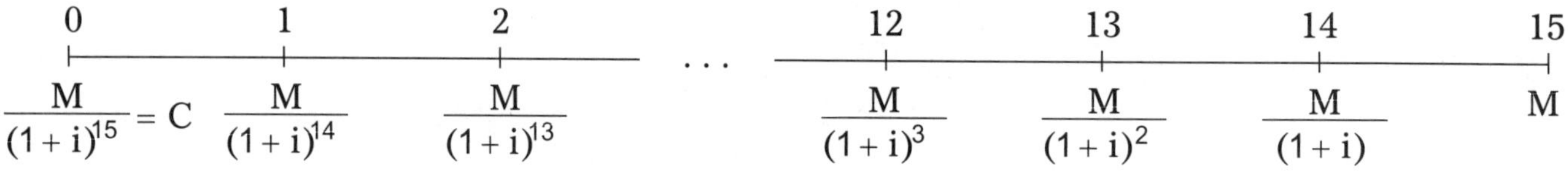

Este fato será usado para resolver problemas do tipo:

Uma pessoa fez um empréstimo a juros compostos, à taxa mensal de 2%, para pagar um valor de R$ 20 000,00, após 7 meses. Ela resolve antecipar o pagamento para 3 meses após fazer o empréstimo. Quanto ela deverá pagar para quitar a dívida?

De acordo com o que foi visto acima: $\frac{20\,000}{(1+2\%)^4}$

Exemplo 1: Um capital de R$ 10 000,00 é aplicado a juros compostos, a uma taxa de 10% ao ano. Determinar o montante após 2 meses e após 3 meses de aplicação.

Resolução:

1) $M = (1 + i)^n \Rightarrow M = 10\,000\,(1 + 10\%)^2 = 10\,000\left(1 + \frac{10}{100}\right)^2 \Rightarrow$

$M = 10\,000\,(1 + 0{,}1)^2 = 10\,000\,(1{,}1)^2 = 10\,000\,(1{,}21) \Rightarrow \boxed{M = 12\,100}$

2) $M = C(1 + i)^3 \Rightarrow M = 10\,000\,(1 + 10\%)^3 = 10\,000\,(1 + 0{,}1)^3 \Rightarrow$

$M = 10\,000\,(1{,}01)^3 = 10\,000\,(1{,}331) \Rightarrow M = 13\,310$

Resp: R$ 12 100,00 e R$ 13 310,00

Exemplo 2: Considerando as seguintes aproximações, resolver:

$1{,}02^{24} = 1{,}6$ $1{,}18^{8} = 3{,}76$ $1{,}03^{10} = 1{,}34$ $1{,}04^{9} = 1{,}42$

a) Qual é o montante obtido por uma aplicação de R$ 5 000,00 a juros compostos, à taxa de 18% ao ano durante 8 anos?

Resolução: $M = C(1 + i)^n \Rightarrow M = 5\,000\,(1 + 18\%)^8 = 5\,000\,(1 + 0{,}18)^8 \Rightarrow$

$$M = 5\,000(1{,}18)^8 \Rightarrow M = 5\,000\,(3{,}76) \Rightarrow \boxed{M = 18\,794{,}30}$$

Resp: R$ 18 794,30

b) Uma pessoa aplicou um capital C a juros compostos, durante 2 anos a uma taxa de 2% ao mês e recebeu no final um montante de R$ 14 400,00. Qual foi o capital C aplicado?

Resolução: 1) 2 anos = 24 meses, pois a taxa é mensal

2) $M = C(1 + i)^n \Rightarrow 14\,400 = C(1 + 2\%)^{24} \Rightarrow$

$$14\,400 = C(1 + 0{,}02)^{24} \Rightarrow 14\,400 = C\,(1{,}02)^{24} \Rightarrow 14\,400 = C \cdot 1,6$$

$$1{,}6C = 14\,400 \Rightarrow C = \frac{14\,400}{1{,}6} = \frac{144\,000}{16} \Rightarrow \boxed{C = 9\,000}$$

Resp: R$ 9 000,00

c) Jõao fez uma aplicação de R$ 20 000,00 a juros compostos, à taxa de 3% ao mês. Depois de um certo número de meses ele retirou R$ 26 800,00. Qual foi este número de meses?

Resolução: $M = C(1 + i)^n \Rightarrow 26\,800 = 20\,000\,(1 + 3\%)^n \Rightarrow$

$$268 = 200\,(1 + 0{,}03)^n \Rightarrow (1{,}03)^n = = \frac{134}{100} \Rightarrow 1{,}03^n = 1{,}34 \Rightarrow \boxed{n = 10}$$

Resposta: 10 meses

d) Antônio pediu em um banco um empréstimo de R$ 10 000,00 e este banco cobrou uma taxa a juros compostos. Após 9 meses ele quitou a dívida que era de R$ 14 200,00, em uma única parcela. Qual é taxa que o banco cobrou neste empréstimo?

Resolução: $M = C(1 + i)^n \Rightarrow 14\,200 = 10\,000\,(1 + i)^9 \Rightarrow 142 = 100(1 + i)^9 \Rightarrow (1 + i)^9 = 1,42$

De acordo com os dados acima, $1{,}42 = 1{,}04^9$. Então:

$$(1 + i)^9 = 1{,}04^9 \Rightarrow 1 + i = 1{,}04 \Rightarrow i = 0{,}04 \Rightarrow i = 4\%$$

Resp: 4%

Exemplo 3: Roberto aplicou R$ 15 000,00 a juros compostos, à taxa mensal de 2% e retirou depois de um certo tempo a quantia acumulada de R$ 21 300,00. Durante quanto tempo ele fez esta aplicação?

Usar: log 1,02 = 0,008 e log 1,42 = 0,152.

Resolução: 1) Usando 2% ao mês, vamos achar o tempo **n** em meses.

2) $M = C(1 + i)^n \Rightarrow 21\,300 = 15\,000\,(1 + 2\%)^n \Rightarrow$

$$213 = 150(1 + 0{,}02)^n \Rightarrow (1{,}02)^n = \frac{213}{150} \Rightarrow (1{,}02)^n = 1{,}42 \Rightarrow$$

$$\Rightarrow \log 1{,}02^n = \log 1{,}42 \Rightarrow n \cdot \log 1{,}02 = \log 1{,}42 \Rightarrow$$

$$n \cdot 0{,}008 = 0{,}152 \Rightarrow 8n = 152 \Rightarrow n = 19 \Rightarrow n = 19 \text{ meses}$$

Resp: 19 meses = 1 ano, 7 meses.

Exemplo 4: Uma instituição paga juros compostos de 8% ao ano. Se José aplicou R$ 12 000,00 e lucrou R$ 4 320,00, quanto tempo o capital de José ficou aplicado?

Usar log2 = 0,30 , log3 = 0,48 e log17 = 1,23

Resolução: 1) $M = C + J \Rightarrow M = 12\,000 + 4\,320 \Rightarrow \boxed{M = 16\,320}$

2) $M = C(1 + i)^n \Rightarrow 16\,320 = 12\,000\,(1 + 8\%)^n \Rightarrow$

$$(1,\ 0{,}08)^n = \Rightarrow \frac{1\,632}{1\,200} = \frac{408}{300} = \frac{136}{100} \Rightarrow (1{,}08)^n = \frac{136}{100} \Rightarrow$$

$$\log(1{,}08)^n = \log\frac{136}{100} \Rightarrow n \cdot \log 1{,}08 = \log 136 - \log 100 \Rightarrow$$

$$n \cdot \log\frac{108}{100} = \log(2^3 \cdot 17) - 2 \Rightarrow n(\log 108 - \log 100) = 3\log 2 + \log 17 - 2$$

$$n[\log(2^2 \cdot 3^3) - 2] = 3 \log 2 + \log 17 - 2 \Rightarrow$$

$$n[\ 2\log 2 + 3 \log 3 - 2] = 3 \log 2 + \log 17 - 2$$

$$n[\ 2.0{,}3 + 3 \cdot 0{,}48 - 2] = 3 \cdot 0{,}3 + 1{,}23 - 2 \Rightarrow n[0{,}6 + 1{,}44 - 2] = 0{,}9 + 1{,}23 - 2$$

$$\Rightarrow 0{,}04n = 0{,}13 \Rightarrow 4n = 13 \Rightarrow n = \frac{13}{4} \text{anos} \Rightarrow$$

$$n = 3 \text{ anos}, \frac{1}{4} \text{ano} \Rightarrow n = 3 \text{ anos}, 4 \text{ meses}$$

Resp: 3 anos e 4 meses.

Exemplo 5: Um investidor aplicou R$ 10 000,00 durante 6 meses, a juros compostos, ganhando neste período R$ 3 000 de juros.

Qual a taxa anual de juros paga pela instituição?

Resolução: 1) tempo = 6 meses = $\frac{1}{2}$ ano . A taxa pedida é anual.

2) M = 10 000 + 3 000 = 13 000

$M = C(1 + i)^n \Rightarrow 13\,000 = 10\,000\,(1 + i)^{\frac{1}{2}} \Rightarrow$

$1{,}3 = (1 + i)^{\frac{1}{2}} \Rightarrow (1{,}3)^2 = 1 + i \Rightarrow 1 + i = 1{,}69 \Rightarrow$

$i = 1{,}69 - 1 \Rightarrow i = 0{,}69 \Rightarrow i = 69\%$

Resp: 69% ao ano

Exemplo 6: Carlos aplicou R$ 2 000,00 a juros compostos que produziu R$ 400,00 de juros em 5 meses. Qual é a taxa mensal de juros dessa aplicação? Usar que $1{,}037^5 = 1{,}2$

Resolução: 1) $M = C + J \Rightarrow M = 2\,000 + 400 \Rightarrow \boxed{M = 2\,400}$

2) $M = C(1 + i)^n \Rightarrow 2400 = 2\,000\,(1 + i)^5 \Rightarrow (1 + i)^5 = 1{,}2 \Rightarrow$

$1 + i = 1{,}037 \Rightarrow i = 0{,}037 \Rightarrow i = 3{,}7\%$

Resp: 3,7 ao mês

Exemplo 7: O Sr Mário tem dívidas de R$ 2 600,00, R$ 5 400,00, R$ 3 960,00 e R$ 3 360,00 que vencem, respectivamente, daqui a 2 meses, 4 meses, 5 meses e 6 meses. Quanto o Sr Mário deverá aplicar hoje, a juros compostos, à taxa de 2% ao mês para fazer frente a esses compromissos?

Considerar as aproximações: $1{,}02^2 = 1{,}04$; $1{,}02^3 = 1{,}06$; $1{,}02^4 = 1{,}08$; $1{,}02^5 = 1{,}10$ e $1{,}02^6 = 1{,}12$.

Resolução: O valor **a** que devemos aplicar nas condições dadas para fazer frente a 2 600 daqui a 2 meses é **a** tal que:

$2\,600 = a\,(1 + i)^2 \Rightarrow 2\,600 = a\,(1 + 2\%)^2 \Rightarrow 2\,600 = a \cdot 1{,}02^2 \Rightarrow$

$a = \frac{2\,600}{1{,}02^2}$. Da mesma forma obtemos:

$b = \frac{5\,400}{1{,}02^4}$, $c = \frac{3\,960}{1{,}02^5}$ e $d = \frac{3\,360}{1{,}02^6}$. Então:

$C = a + b + c + d \Rightarrow C = \frac{2\,600}{1{,}04} + \frac{5\,400}{1{,}08} + \frac{3\,960}{1{,}10} + \frac{3\,360}{1{,}12} \Rightarrow$

$C = 2\,500 + 5\,000 + 3\,600 + 3\,000 \Rightarrow C = 14\,100$

O valor 2 500 é chamado **valor atual** de 2 600. O valor 5 000 é dito **valor atual** de 54 000. E assim por diante.

Resp: R$ 14 100,00

212 Um capital de R$ 6 000,00 é aplicado a juros compostos, à taxa de 20% ao ano. Determinar o montante após

a) 2 anos

b) 3 anos

---

213 João aplicou R$ 100 000,00 a juros compostos a taxa de 10% ao ano e no final de 3 anos ele quer retirar apenas o rendimento. Quanto ele retirou de juros?

---

214 Uma pessoa fez um empréstimo de R$ 10 000,00 em um instituição que cobra juros compostos, a uma taxa de 50% ao ano, para pagar daqui a 4 anos. Qual o valor deste pagamento?

---

215 Paulo aplicou R$ 5 000,00 a juros compostos por 2 anos e retirou no final um montante de R$ 7 200,00. Qual foi a taxa anual paga pelo banco?

216 Para resolver os itens abaixo, considerar as seguintes aproximações:

$1{,}02^{18} = 1{,}43$ $1{,}03^{15} = 1{,}56$ $1{,}025^{8} = 1{,}22$ $1{,}16^{10} = 4{,}41$

a) Qual é o montante obtido por uma aplicação de R$ 6 000,00, durante 10 anos, a juros compostos, a uma taxa de 16% ao ano?

b) Cláudio aplicou um capital a juros compostos, durante uma ano e meio à taxa de 2% ao mês e retirou no final um montante de R$ 17 160,00. Qual foi o capital aplicado por Claúdio?

c) Márcia fez uma aplicação de R$ 30 000,00 a juros compostos, à taxa de 3% ao mês. Depois de quanto tempo ela vai ter R$ 46 800,00 para retirar?

d) Cecília pediu R$ 9 000,00 em um banco e este banco cobrou uma taxa a juros compostos. Após 8 meses ela quitou a dívida que era de R$ 10 980,00 em uma única parcela. Qual foi a taxa mensal cobrada pelo banco?

217 Aplicando R$ 10 000,00 a juros compostos, à taxa de 12% ao ano, durante 10 anos, quanto obtém-se de juros?

Considerar que $(1{,}12)^5 = 1{,}76$

---

218 Fernando aplicou R$ 12 000,00 a juros compostos, à taxa mensal de 2% e retirou depois de um certo tempo um valor acumulado de R$ 14 640,00. Durante quanto tempo este capital ficou aplicado?

Usar $\log 1{,}02 = 0{,}008$ e $\log 1{,}22 = 0{,}08$

---

219 Lucas aplicou R$ 10 000,00 durante 6 meses, a juros compostos, ganhando neste período R$ 4 000,00 de juros. Qual é a a taxa anual na qual o capital foi aplicado?

220 Um banco paga a juros compostos uma taxa de 10% ao ano. Se Sueli aplicou R$ 8 000,00 e lucrou R$ 28 800,00. Quanto tempo o capital da Sueli ficou aplicado?
Dados: log 2 = 0,30, log 11 = 1,04 e log 23 = 1, 34.

---

221 (UEG-2006) Um valor M_0 aplicado à taxa unitária i por período, no regime de juros compostos, produz ao final de n períodos o montante M dado pela expressão $M = M_0(1 + i)^n$. Dessa forma, utilizando as aproximações log 2 = 0,30 e log 3 = 0,48, o valor de R$ 2 800,00 aplicado à taxa de 20% ao ano produzirá o montante de R$ 3 500,00 ao final de

a) 1 ano e 2 meses.
b) 1 ano e 3 meses.
c) 1 ano e 4 meses.
d) 1 ano e 5 meses.

Resp: **212** a) R$ 8 640,00 b) R$ 10 368,00 **213** R$ 33 100,00 **214** R$ 50 625,00 **215** 20% **216** a) R$ 26 460,00 b) R$ 12 000,00 c) 15 meses = 1 ano e 3 meses d) 2,5% ao mês

222 (UNESP-SP-2008) Cássia aplicou o capital de R$ 15 000,00 a juros compostos, pelo período de 10 meses e à taxa de 2% ao mês. Cássia computou o valor aproximado do montante a ser recebido ao final da aplicação. Esse valor é: (Usar $1{,}02^5 = 1{,}1$)

a) R$ 18 750,00 b) R$ 18 150,00 c) R$ 17 250,00 d) R$ 17 150,00 e) R$ 16 500,00

---

223 (UFPE-2008) Um banco paga juros compostos de 6% ao ano. Se um cliente lucrou R$ 1 700,00, com uma aplicação de R$ 5 000,00, quanto tempo o capital ficou aplicado?

Dado: use a aproximação $Ln(1{,}34) \cong 0{,}30$ e $Ln(1{,}06) \cong 0{,}06$.

a) 3 anos. b) 4 anos. c) 5 anos. d) 6 anos. e) 7 anos.

---

224 (FGV-SP-2011) Um investidor aplicou R$ 8 000,00 a juros compostos, durante 6 meses, ganhando, nesse período, juros no valor de R$ 1 600,00. Podemos afirmar que a taxa de juros anual da aplicação é um número:

a) entre 41,5% e 42,5%. b) entre 42,5% e 43,5%. c) entre 43,5% e 44,5%.

d) entre 44,5% e 45,5%. e) entre 45,5% e 46,5%.

225 (UEMG-2018) Júlio dispõe de uma quantia Q, em reais, e pretende aplicá-la, no sistema de juros compostos, à taxa de 4% ao mês. Considerando log 2 = 0,3010 e log 1,04 = 0,0086, quanto tempo será necessário para que essa quantia seja quadruplicada?

a) 4 anos e meio. b) 5 anos e 8 meses. c) 5 anos e 10 meses. d) Mais de 6 anos.

---

226 (UPE-2017) Patrícia aplicou, num investimento bancário, determinado capital que, no regime de juro composto, durante um ano e seis meses, à taxa de 8% ao mês, gerou um juro de R$ 11 960,00. Qual é o capital aplicado por ela nesse investimento? Dado: $1{,}08^{18} = 3{,}99$

a) R$ 3 800,00 b) R$ 4 000,00 c) R$ 4 600,00 d) R$ 5 000,00 e) R$ 5 200,00

---

227 (FGV-2016) Um capital aplicado a juros compostos a uma certa taxa anual de juros dobra a cada 7 anos. Se, hoje, o montante é R$ 250 000,00 , o capital aplicado há 28 anos é um valor cuja soma dos algarismos vale:

a) 20 b) 17 c) 19 d) 21 e) 18

Resp: **217** R$ 21 000,00 **218** 10 meses **219** 96% **220** 16 meses = 1 ano e 4 meses **221** B

228 (UFU-2018) Um comerciante está negociando o valor V da venda à vista de uma mercadoria que foi adquirida com seu fornecedor um mês antes por R$ 1 000,00 com 4 meses de prazo para pagamento (sem pagar juros). Sabe-se que o comerciante aplica esse valor V à taxa de 2% de juros (compostos) ao mês para viabilizar o pagamento futuro da mercadoria.

Para que a atualização do valor associado à venda dessa mercadoria forneça, na data do pagamento do fornecedor, um lucro líquido de R$ 200,00, a venda à vista deve ser de:

Observação: use a aproximação 1,0612 para $(1{,}02)^3$ e, ao expressar um valor monetário, faça o arredondamento na segunda casa decimal, considerando unidades inteiras de centavos.

a) R$ 942,33. b) R$ 1 130,80 c) R$ 1 232,89 d) R$ 1 108,62

---

229 (UFJF-2017) Um capital de R$ 1 000,00 aplicado no sistema de juros compostos a uma taxa de 10% ao mês, gera, após n meses, o montante (que é o juro mais o capital inicial) M (n) que é dado pela fórmula: $M(n) = 1\,000\left(1 + \frac{1}{10}\right)^n$

a) Qual o valor do montante após 2 meses?

b) Qual o número mínimo de meses necessários para que o valor do montante seja igual a R$ 10 000,00?

(Use que $\log_{10} 11 = 1{,}04$)

---

230 (UPESSA-2016) Mariana fez um empréstimo à base de juros compostos, num banco que cobra 10% ao mês. Ao final de 180 dias, o montante a ser pago por ela será de R$ 9 000,00. Com o dinheiro do empréstimo, Mariana realizou alguns pagamentos chegando a sua casa com R$ 1 250,00. Quanto ela gastou, aproximadamente, com os pagamentos?

Adote $(1{,}1)^6 = 1{,}8$

a) R$ 1 333,00 b) R$ 2 755,00 c) R$ 3 260,00 d) R$ 3 750,00 e) R$ 4 500,00

231 (CFTMG-2018) O gerente de um banco apresentou a um cliente, interessado em investir determinada quantia de dinheiro, quatro opções, conforme descritas no quadro abaixo.

Opção de investimento	Regime de Capitalização	Prazo (meses)	Taxa (a.m.)
1	composto	2	2,0%
2	composto	3	1,5%
3	simples	4	2,0%
4	simples	5	1,5%

A opção que proporcionará um maior rendimento ao cliente, considerando-se os prazos e taxas fixados pelo banco, será a:

a) 1. b) 2. c) 3. d) 4. e) 5.

---

232 (USF-2016) Pensando em montar seu próprio consultório, Nathália começou a economizar desde que entrou no curso de Medicina. Ao passar no vestibular, ela ganhou R$ 5 000,00 de seus pais e os aplicou a uma taxa de 0,5% ao mês a juros compostos. Além disso, mensalmente, ela depositou R$ 100,00 à mesma taxa de juros compostos. Hoje, passados 5 anos, ou seja, 60 meses, qual o montante do rendimento dos R$ 5 000,00 e qual o valor economizado por Nathália com suas aplicações mensais? (Considere $1{,}005^{60} \cong 1{,}35$).

a) R$ 6 750,00 e R$ 7 000,00. b) R$ 6 500,00 e R$ 7 800,00. c) R$ 6 500,00 e R$ 7 000,00.

d) R$ 6 750,00 e R$ 7 800,00. e) R$ 7 800,00 e R$ 6 500,00.

---

233 (FGV-2012) César aplicou R$ 10 000,00 num fundo de investimentos que rende juros compostos a uma certa taxa de juro anual positiva **i**. Após um ano, ele saca desse fundo R$ 7 000,00 e deixa o restante aplicado por mais um ano quando verifica que o saldo é R$ 6 000,00. O valor de $(4i - 1)^2$ é :

a) 0,01 b) 0,02 c) 0,03 d) 0,04 e) 0,05

Resp: **222** B **223** C **224** C **225** C **226** B **227** C

234 (UERJ-2017) Um capital de C reais foi investido a juros compostos de 10% ao mês e gerou, em três meses, um montante de R$ 53 240,00.

Calcule o valor, em reais, do capital inicial C.

---

235 (IFAL-2016) Em 2000, certo país da América Latina pediu um empréstimo de 1 milhão de dólares ao FMI (Fundo Monetário Internacional) para pagar em 100 anos. Porém, por problemas políticos e de corrupção, nada foi pago até hoje e a dívida foi sendo "rolada" com a taxação de juros compostos de 8,5% ao ano. Determine o valor da dívida no corrente ano de 2015, em dólar. Considere $(1{,}085)^5 \cong 1{,}5$.

a) 1,2 milhões. b) 2,2 milhões. c) 3,375 milhões. d) 1,47 milhões. e) 2 milhões.

---

236 (IFSC-2017) Segundo dados do IBGE (Instituto Brasileiro de Geografia e Estatística), o rendimento médio mensal das famílias catarinenses é R$ 1 368,00. Considerando-se que uma família pegou um empréstimo no valor de 30% de sua renda média mensal e vai pagar este empréstimo a uma taxa de juros compostos de 2% ao mês, quanto essa família pegou emprestado e qual o valor que a família irá pagar (montante final) se saldar essa dívida em 2 meses?

a) Pegou emprestado R$ 407,40 e pagará, ao final de 2 meses, R$ 423,86.
b) Pegou emprestado R$ 410,40 e pagará, ao final de 2 meses, R$ 425,94.
c) Pegou emprestado R$ 409,40 e pagará, ao final de 2 meses, R$ 424,90.
d) Pegou emprestado R$ 409,40 e pagará, ao final de 2 meses, R$ 425,94.
e) Pegou emprestado R$ 410,40 e pagará, ao final de 2 meses, R$ 426,98.

---

237 (FGV-2017) Certo capital foi aplicado em regime de juros compostos. Nos quatro primeiros meses, a taxa foi de 1% ao mês e, nos quatro meses seguintes, a taxa foi de 2% ao mês. Sabendo-se que, após os oito meses de aplicação, o montante resgatado foi de R$ 65 536,00, então o capital aplicado, em reais, foi aproximadamente igual a:

Dado: $65536 = 2^{16}$

a) $3{,}66^8$. b) $3{,}72^8$. c) $3{,}78^8$. d) $3{,}88^8$. e) $3{,}96^8$.

---

238 (ESPM-2016) Em todos os dias 10 dos meses de janeiro, fevereiro e março de um certo ano, o Sr. João aplicou a mesma quantia de R$ 1 000,00 à taxa de juros compostos de 10% ao mês. Podemos concluir que o montante dessa aplicação no dia 10 de abril desse mesmo ano foi de:

a) R$ 4 203,00 b) R$ 3 641,00 c) R$ 4 015,00 d) R$ 3 135,00 e) R$ 3 968,00

---

239 (CFTMG-2019) Analise as afirmações abaixo, marcando **(V)** para as verdadeiras e **(F)** para as falsas.

( ) No regime de juros compostos, uma taxa de 1% ao mês é equivalente a uma taxa de 12% ao ano.

( ) Se montante é igual a capital mais juros, no regime de juros compostos,

$$\text{capital} = \frac{\text{montante}}{(1 + \text{taxa de juros})^{\text{período}}}$$

( ) Se considerados mesmo capital inicial, período e taxa, o montante em juros simples nunca será igual ao montante em juros compostos.

( ) Em juros compostos, o valor das **n** prestações iguais de um financiamento é determinado pela razão entre o total financiado **C** e o **n**, multiplicando-se esse resultado pela taxa de juros **i**:

$$\text{Prestações} = \frac{C}{n} \cdot i$$

A sequência correta é:

a) F, F, V, V. b) F, V, F, F. c) V, F, F, V. d) V, V, V, F.

240 (UFJF-2019) Mauro investiu um certo capital por 8 anos em um fundo de investimentos a taxa de 32% ao ano. Já Júlio depositou o triplo do capital investido por Mauro, durante 4 anos, em uma aplicação cuja taxa de juros foi de 20% ao ano e, ao final desse período, reaplicou o montante obtido no primeiro investimento, por mais 4 anos, em um investimento cuja taxa de juros contratada foi de 15% ao ano. Ao final de 8 anos o montante obtido por Júlio foi R$ 6 685,00 maior do que o obtido por Mauro.

Base \ Expoente	3	4	8
1,15	1,52	1,70	3,06
1,20	1,70	2,07	4,30
1,32	2,30	4,30	9,22

Em todos os investimentos foram considerados juros compostos, e a expressão que relaciona montante(M) e capital (C) nesse regime de juros é dada por: $M = C \times (1 + i)^n$, sendo **i** a taxa de juros e **n** o número de períodos que o capital ficou aplicado.

Quais foram os capitais aplicados inicialmente por Mauro e Júlio?

Utilize os números dados no quadro ao lado como aproximações para os valores das potências.

Exemplos: $1{,}15^3 = 1{,}52$ e $1{,}32^4 = 4{,}30$

---

241 (FGV-2016) Ao aplicar hoje 100 mil reais a juros compostos a uma taxa de juros anual positiva, Jaime receberá 60 mil reais daqui a um ano e 55 mil reais daqui a dois anos.

Se a mesma aplicação fosse feita por dois anos a juros compostos e à mesma taxa anterior, Jaime receberia:

a) 127 mil reais. b) 118 mil reais. c) 121 mil reais. d) 115 mil reais. e) 124 mil reais.

---

242 (ENEM-2017) Um empréstimo foi feito a taxa mensal de **i%** usando juros compostos, em oito parcelas fixas e iguais a P. O devedor tem a possibilidade de quitar a dívida antecipadamente a qualquer momento, pagando para isso o valor atual das parcelas ainda a pagar. Após pagar a 5ª parcela, resolve quitar a dívida no ato de pagar a 6ª parcela.

A expressão que corresponde ao valor total pago pela quitação do empréstimo é:

a) $P\left[1 + \dfrac{1}{\left(1 + \dfrac{i}{100}\right)} + \dfrac{1}{\left(1 + \dfrac{i}{100}\right)^2}\right]$

b) $P\left[1 + \dfrac{1}{\left(1 + \dfrac{i}{100}\right)} + \dfrac{1}{\left(1 + \dfrac{2i}{100}\right)}\right]$

c) $P\left[1 + \dfrac{1}{\left(1 + \dfrac{i}{100}\right)^2} + \dfrac{1}{\left(1 + \dfrac{i}{100}\right)^2}\right]$

d) $P\left[1 + \dfrac{1}{\left(1 + \dfrac{i}{100}\right)} + \dfrac{1}{\left(1 + \dfrac{2i}{100}\right)} + \dfrac{1}{\left(1 + \dfrac{3i}{100}\right)}\right]$

e) $P\left[1 + \dfrac{1}{\left(1 + \dfrac{i}{100}\right)} + \dfrac{1}{\left(1 + \dfrac{i}{100}\right)^2} + \dfrac{1}{\left(1 + \dfrac{i}{100}\right)^3}\right]$

Resp: **228** B **229** a) R$1 210,00 b) 25 meses **230** D **231** C **232** A **233** D

243 (FGV-2016) Certa empresa teve seu faturamento anual aumentado de R$ 80 000,00 para R$ 400 000,00 em três anos. Se o faturamento cresceu a uma mesma taxa anual nesse período, essa taxa foi igual a:

a) $(100 \cdot \log \sqrt[3]{5})\%$ b) $(100\sqrt[3]{4})\%$ c) $(100\sqrt[3]{5} - 100)\%$ d) $\left(\frac{200}{3}\right)\%$ e) $\left(\frac{100}{3}\right)\%$

---

244 (FGV-2017) Como resultado de um processo ganho na justiça, Hélio deveria ter recebido, no início de 2006, a quantia de R$ 4 000,00 da empresa Alfa. No mesmo período (início de 2006), Hélio devia R$ 1 000,00 em sua fatura de cartão de crédito. Nenhuma dessas quantias foi quitada à época.

Para atualizar (corrigir) valores monetários ao longo do tempo, pode-se utilizar o regime de capitalização de juros compostos. É válida a seguinte relação matemática:

$M = C \cdot (1 + i)^n$, em que **M** é o montante; **C** é o capital; **i** é a taxa de juros e **n** é o número de períodos de capitalização. Por exemplo, aplicando-se o capital de R$ 1 000,00 à taxa de 5,00% ao mês, por um mês, obtém-se o montante de R$ 1 050,00.

A tabela abaixo contém valores para o termo $(1 + i)^n$ para **i** e **n** selecionados.

	n (meses)				
i(% ao mês)	**1**	**12**	**108**	**120**	**132**
1,00	1,0100	1,1268	2,9289	3,3004	3,7190
2,00	1,0200	1,2682	8,4883	10,7652	13,6528
3,00	1,0300	1,4258	24,3456	34,7110	49,4886
4,00	1,0400	1,6010	69,1195	110,6626	177,1743
5,00	1,0500	1,7959	194,2872	348,9120	626,5958

Utilize as informações do enunciado para responder às seguintes questões:

a) Suponha que a taxa de juro utilizada para atualizar o valor que Hélio tem a receber da empresa Alfa seja igual a 1,00% ao mês. Qual será o valor que a empresa Alfa deverá pagar a Hélio no início de 2016, ou seja, após exatos 10 anos?

b) Suponha que a taxa de juro utilizada para atualizar a dívida da fatura de cartão de crédito seja igual a 4,00% ao mês. No início de 2016, ou seja, após exatos 10 anos, qual é o valor atualizado dessa dívida de Hélio?

c) Suponha que Hélio receba da empresa Alfa, no início de 2016, o valor devido. Quanto, no máximo, poderia ter sido a dívida de Hélio em sua fatura de cartão de crédito, em valores do início de 2006, de forma que ele pudesse quitá-la, no início de 2016, com o valor recebido da empresa Alfa?

Nota: taxa de juro utilizada para atualizar:

- o valor recebido por Hélio da empresa Alfa: 1,00% ao mês.
- a dívida da fatura de cartão de crédito: 4,00% ao mês.

Resp: **234** R$ 40 000,00 **235** C **236** E **237** E **238** B **239** B **240** Mauro: R$ 5000,00 e Júlio R$ 15 000,00
241 C **242** A **243** C **244** a) R$ 13 201,60 b) R$ 110 662, 60 c) R$ 119, 30

VI ESTATÍSTICA DESCRITIVA

Conceitos e definições através de exemplos.

Exemplo 1: em uma pesquisa foi aplicado um questionário a um grupo de pessoas onde cada uma respondia às seguintes perguntas:

a. Sexo (**S**): **F** se do feminino e **M** se do masculino.

b. Fumante (**F**): **S** para sim e **N** para não fumante.

c. Exercício (**E**): número de dias, por semana, que faz exercícios.

d. Peso (**P**): em quilogramas.

Variável: S, **F**, **E** e **P** são, nesta pesquisa, chamadas variáveis.

Variável qualitativa: a variável **S** que pode assumir o valor **F** (feminino) ou o valor **M** (masculino) e a variável **F** que pode assumir o valor **S** (fumante) ou o valor **N** (não fumante) são chamadas **variáveis qualitativas.**

Variável quantitativa: as variáveis **E** e **P** que assumem valores numéricos provenientes de umacontagem ou de medidas, são chamadas variáveis quantitativas. Podem ser **discreta** ou **contínua**.

Variável quantitativa discreta: a variável **E** desse exemplo, que pode assumir apenas númerosinteiros de 0 até 7, é chamada discreta. Em geral os seus valores são provenientes de contagem.

Variável quantitativa contínua: a variável **P** desse exemplo, que pode assumir qualquer medidaentre o menor peso e o maior peso observados, é chamada contínua.

Imaginemos que 20 pessoas responderam a esse questionário e que do 1º ao 20º as respostas tenham sido colocadas em uma tabela como a seguinte:

	S	F	E	P
1	F	N	1	54,5
2	F	N	0	66,5
3	M	S	3	97,0
4	M	N	4	72,0
5	M	N	7	77,0
6	F	S	1	80,0
7	M	N	4	81,5
8	M	N	3	75,0
9	F	S	1	70,0
10	F	N	3	56,0

	S	F	E	P
11	F	N	4	54,0
12	F	N	4	56,0
13	M	N	5	73,0
14	F	N	4	54,0
15	F	N	6	63,0
16	F	N	6	55,0
17	M	S	3	80,0
18	F	N	4	58,0
19	F	N	1	61,0
20	M	S	0	98,0

Esta tabela é chamada tabela de dados brutos.

Para que a análise da pesquisa seja mais fácil, fazemos uma **tabela de frequência** para cada variável.

Frequência absoluta (n_i): o número de vezes que um determinado valor aparece para uma variável chama-se frequência absoluta desse valor. Indicação: $\mathbf{n_i}$.

Frequência relativa (f_i): a razão entre n_i e o número total **n** de valores que uma variável pode assumir chama-se frequência relativa desse valor. Indicação: f_i.

Tabela de frequência para a variável sexo (S)

Sexo	n_i	$f_i = \frac{n_i}{n}$	f_i (em %)
F	12	$\frac{12}{20} = 0,60$	60%
M	8	$\frac{8}{20} = 0,40$	40%
Total	n = 20	1	100%

Tabela de frequência para a variável fumante (F)

F	n_i	$f_i = \frac{n_i}{n}$	f_i (em %)
S	5	$\frac{5}{20} = 0,25$	25%
N	15	$\frac{15}{20} = 0,75$	75%
Total	n = 20	1	100%

Tabela de frequência para a variável exercício (E)

E = número de dias, por semana que faz exercícios físicos.

Quando na tabela de frequência os valores da variável estão em ordem crescente (ou decrescente), podemos acrescentar uma coluna com frequências relativas acumuladas (f_{ac}).

E	n_i	$f_i = \frac{n_i}{n}$	f_i (em %)	f_{ac}
0	2	$\frac{2}{20} = 0,1$	10%	0,1 = 10%
1	4	$\frac{4}{20} = 0,2$	20%	0,3 = 30%
3	4	$\frac{4}{20} = 0,2$	20%	0,5 = 50%
4	6	$\frac{6}{20} = 0,3$	30%	0,8 = 80%
5	1	$\frac{1}{20} = 0,05$	5%	0,85 = 85%
6	2	$\frac{2}{20} = 0,1$	10%	0,95 = 95%
7	1	$\frac{1}{20} = 0,05$	5%	1,0 = 100%
Total	20	1	100%	

Tabela de frequência para a variável peso (P)

Quando a variável for **quantitativa contínua**, costumamos colocar na coluna dos valores das variáveis, **faixas** ou **classes** de valores. Como nesta pesquisa os pesos estão entre 50 e 100, vamos considerar para n_i (frequência absoluta) o número de ocorrências nas faixas 50 ⊢ 60, 60 ⊢ 70, 70 ⊢ 80, 80 ⊢ 90 e 90 ⊢ 100. Vejamos:

P	n_i	$f_i = \frac{n_i}{n}$	f_i (em %)	f_{ac}
50 ⊢ 60	7	0,35	35%	35%
60 ⊢ 70	3	0,15	15%	50%
70 ⊢ 80	5	0,25	25%	75%
80 ⊢ 90	3	0,15	15%	90%
90 ⊢ 100	2	0,10	10%	100%
Total	n = 20	1	100%	

Observações:

1º: Sendo **a** e **b** reais com $a < b$, $a \vert\!- b = \{x \in R \,/\, a \leqslant x < b\}$

2º: A amplitude de cada faixa nessa tabela é 10.

3º: A diferença entre o maior e o menor valor de uma variável quantitativa chama-se amplitude dessa variável. Neste caso: 98 – 54 = 44.

Exemplo 2: a respeito da idade (variável: I), em anos completos, de 15 pessoas, o resultado obtido foi:

I	21	19	23	26	23	24	21	22	25	21	18	26	27	25	28

Colocando os valores em ordem crescente obtemos:

(18, 19, 21, 21, 21, 22, 23, 23, 24, 25, 25, 26, 26, 27, 28)

Mediana (Me): quando colocamos em ordem crescente (ou decrescente) os valores de uma variável, se o número de valores for ímpar, o termo central é chamado mediana desses valores.

Neste exemplo, o oitavo valor é o termo central do conjunto de 15 valores. Então: Me = 23.

Se o número de valores for par, a mediana desses valores será a média aritmética entre os dois centrais.

Exemplo: para o seguinte rol de valores: (5, 6, 9, 15, 16, 25), a mediana será $Me = \frac{9+15}{2}$

Então Me = 12.

Moda (Mo): a moda de um conjunto de valores é o valor que aparece um número maior de vezes.

No exemplo 2: Mo = 21.

Observação:

1º: Um conjunto de valores pode ter duas modas.

Exemplo: (1, 5, 6, 6, 9, 10, 11, 11, 20). Modas: 6 e 11.

2º: Quando não há valores repetidos, dizemos que conjunto desses valores não tem moda.

Exemplo: (5, 9, 20, 8, 15, 2, 21, 17). Não há moda neste conjunto de valores.

Exemplo 3: considere os seguintes valores de uma variável quantitativa x: 4, 6, 7, 8, 10.

Média aritmética ($\overline{x}$): a média aritmética desses valores é igual à razão entre a soma deles e o número de valores observado. Então:

$$\overline{x} = \frac{4+6+7+8+10}{5} \Rightarrow \frac{35}{5} \Rightarrow \mathbf{\overline{x} = 7}$$

Em símbolos: $\overline{\mathbf{x}} = \dfrac{1}{n}\sum_{i=1}^{n} \mathbf{x}_i$

Variância (var.): a média aritmética dos quadrados das diferenças entre os valores observados e a média aritmética deles é chamada de variância desses valores observados. Neste exemplo temos:

$$\text{var.} = \frac{(4-7)^2 + (6-7)^2 + (7-7)^2 + (8-7)^2 + (10-7)^2}{5} \Rightarrow$$

$$\text{var.} = \frac{(-3)^2 + (-1)^2 + 0^2 + 1^2 + 3^2}{5} \Rightarrow \text{var.} = \frac{9+1+0+1+9}{5} \Rightarrow \textbf{var.} = \mathbf{4}$$

Em símbolos: $\textbf{var.} = \dfrac{1}{n}\sum_{i=1}^{n} (\mathbf{x}_i - \overline{\mathbf{x}})^2$

Desvio padrão (dp.): a raiz quadrada da variância é chamada de desvio padrão. Então neste exemplo, temos:

$\text{dp.} = \sqrt{\text{var.}} \Rightarrow \text{dp.} = \sqrt{4} \Rightarrow \textbf{dp} = \mathbf{2}$

Em símbolos: $\text{dp} = \sqrt{\dfrac{1}{n}\sum_{i=1}^{n}(x_i - \overline{x})^2} \Rightarrow \text{dp} = \sqrt{\dfrac{(x_1 - \overline{x})^2 + (x_2 - \overline{x})^2 + \ldots + (x_n - \overline{x})^2}{n}}$

Exemplo 4: 50 pessoas opinaram sobre um espetáculo, classificando-o como regular (R), bom (B) ou ótimo (O) e o resultado foi o seguinte:

R: 15 pessoas, B: 25 pessoas e O: 10 pessoas.

A partir destas frequências absolutas vamos determinar as frequências relativas e representá-las através de um gráfico em forma de **disco** ou **pizza**.

$$fi = \frac{n_i}{n} \Rightarrow f_R = \frac{15}{50} = 0{,}30 = 30\%,\ f_B = \frac{25}{50} = 0{,}50 = 50\% \text{ e } f_O = \frac{10}{50} = 0{,}20 = 20\%$$

Como 100% corresponde ao círculo, um setor de 360º, cada 1% corresponderá a um setor de 3,6º. Então:

$$\begin{cases} f_R = 30\% \Rightarrow \text{Setor (R)} = 30 \cdot 3{,}6^\circ \Rightarrow \text{setor (R)} = 108^\circ \\ f_B = 50\% \Rightarrow \text{Setor (B)} = 50 \cdot 3{,}6^\circ \Rightarrow \text{setor (B)} = 180^\circ \\ f_O = 20\% \Rightarrow \text{Setor (O)} = 20 \cdot 3{,}6^\circ \Rightarrow \text{setor (O)} = 72^\circ \end{cases}$$

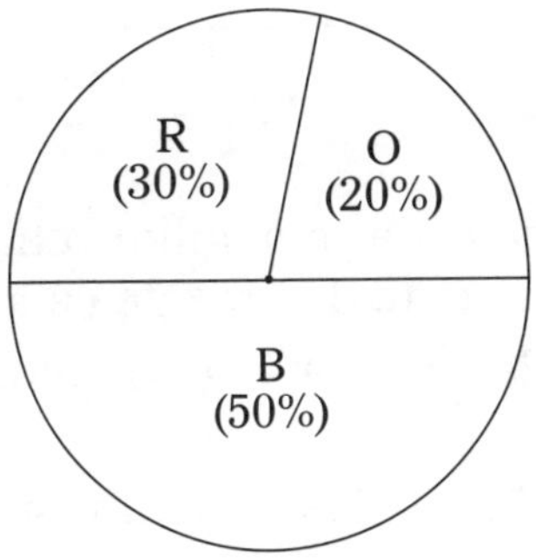

Exemplo 5: a respeito das idades, em anos completos, de 50 pessoas obtivemos a seguinte tabela:

Idade	18	19	20	21	22	23	24	25	**Total**
n_i	4	5	6	9	14	10	0	2	50
f_i	0,08	0,10	0,12	0,18	0,18	0,20	0	0,04	1

Vamos fazer o gráfico de barras colocando os valores das variáveis no eixo das abcissas e as frequências absolutas ou relativas (em porcentagem) no eixo das ordenadas

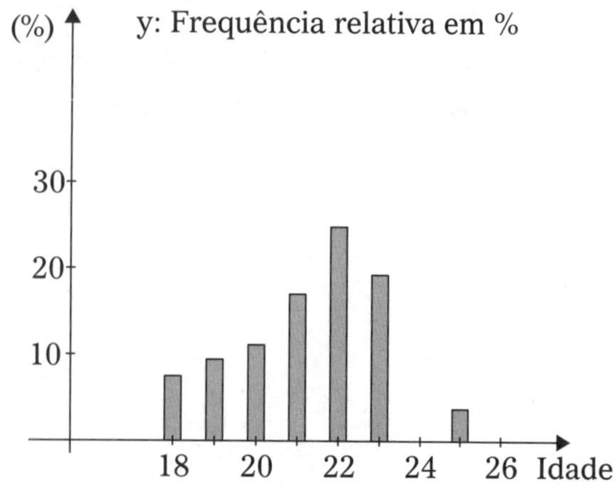

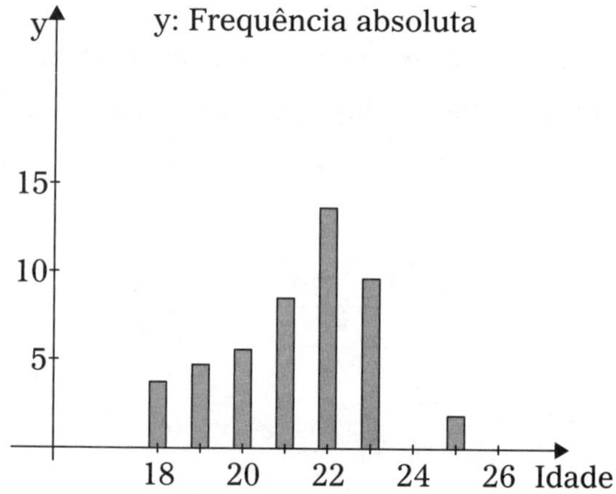

Exemplo 6: considere que os pesos de 50 pessoas são tais que 8 pessoas tem seus pesos no intervalo 40 ⊢ 50, 20 pessoas em 50 ⊢ 60, 12 pessoas em 60 ⊢ 70, 6 pessoas em 70 ⊢ 80 e 4 pessoas com pesos no intervalo 80 ⊢ 90. Vamos achar as frequências relativas em cada faixa e construir um histograma para essa variável.

Para fazermos o histograma construímos retângulos adjacentes com bases nas faixas dos valores das variáveis e áreas iguais às frequência relativas em cada faixa. Sendo **h** a altura de cada retângulo, temos:

Peso	n_i	f_i	f_i(%)	h
40 ⊢ 50	8	0,16	16%	0,016
50 ⊢ 60	20	0,40	40%	0,040
60 ⊢ 70	12	0,24	24%	0,024
70 ⊢ 80	6	0,12	12%	0,012
80 ⊢ 90	4	0,08	8%	0,008
Total	**50**	**1**	**100%**	**0,1**

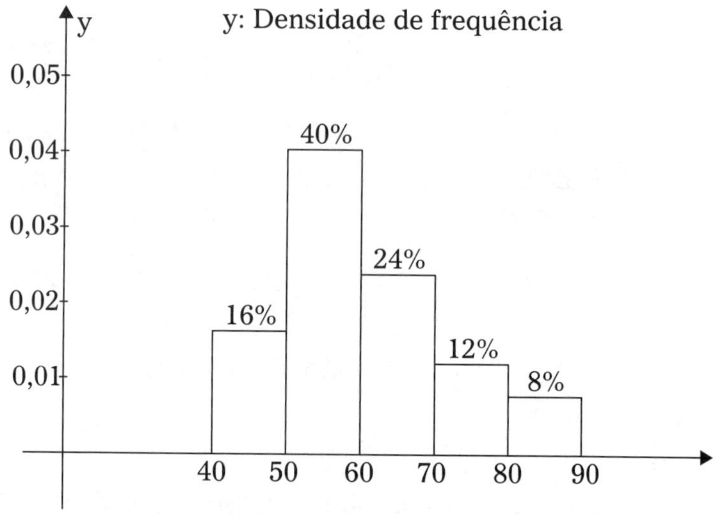

A altura de cada retângulo é chamada de **densidade de frequência** ou apenas **densidade** e é obtida pelo quociente da área de cada retângulo pela amplitude de cada faixa, neste caso igual a 10.

No topo de cada retângulo colocamos, a frequência relativa em porcentagem para facilitar a interpretação.

Exemplo 7: 50 alunos deram suas opiniões sobre qual o melhor período para estudar: Matutino (M),Vespertino (V) e Noturno (N). Dadas as frequências absolutas (n_i), complete com a frequência relativa (f_i) e faça o gráfico em forma de pizza.

Período	n_i	f_i	f_i(em %)
M	30		
V	15		
N	5		
Total			

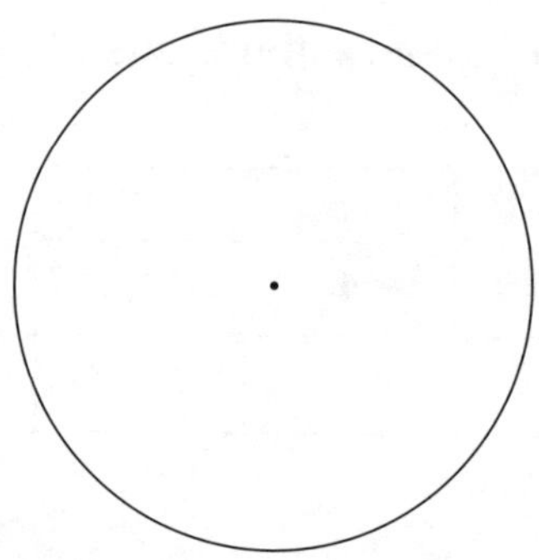

Exemplo 8: a respeito de suas idades, em anos completos, 200 pessoas disseram suas idades e na tabela abaixo estão dadas as frequências absolutas (n_i) das idades. Completar a tabela com as frequências relativas e faça dois gráficos de barras para esta variável idade. Em um deles coloque a frequência absoluta no eixo das ordenadas e no outro a frequência relativa, em porcentagem, neste eixo.

Idade	20	21	22	23	24	25	26	27	28	29	Total
n_i	10	18	0	28	44	36	30	20	9	5	200
f_i											

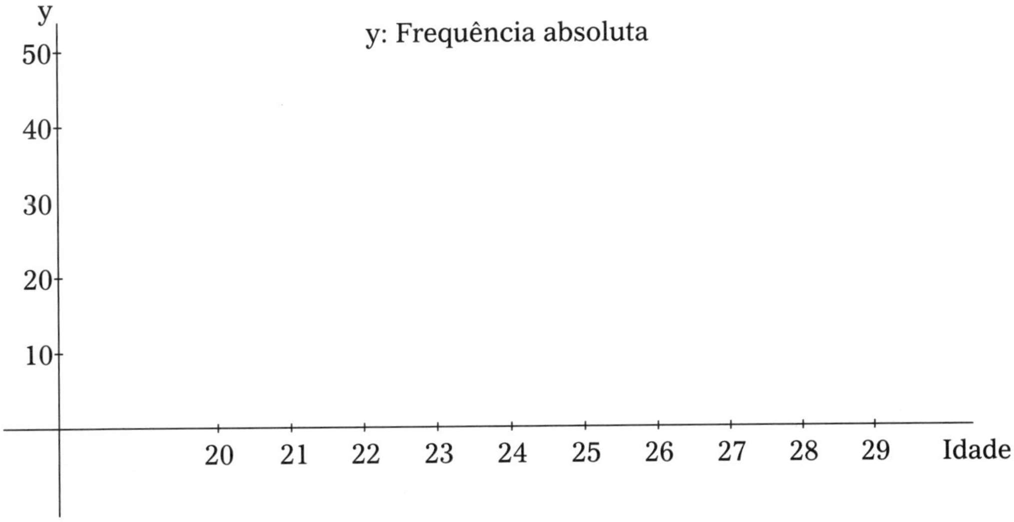

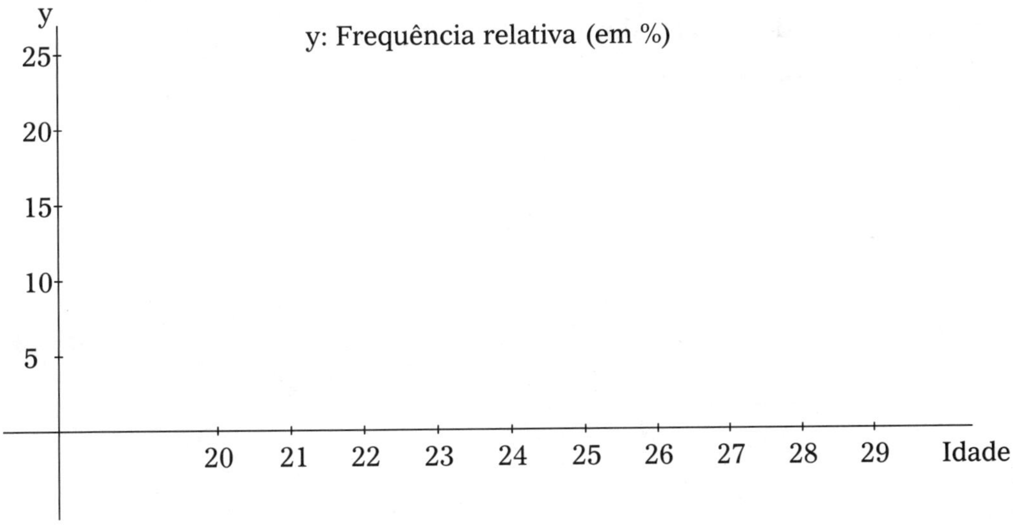

Exemplo 9: em uma academia 50 pessoas disseram seus pesos. Dados os números de ocorrências em cada faixa, neste caso 5 faixas, determine a frequência relativa em cada faixa e faça um histograma para esta variável peso.

Peso	n_i	f_i	$f_i(\%)$	y
50 ⊢ 60	2			
60 ⊢ 70	6			
70 ⊢ 80	10			
80 ⊢ 90	20			
90 ⊢ 100	12			
Total				

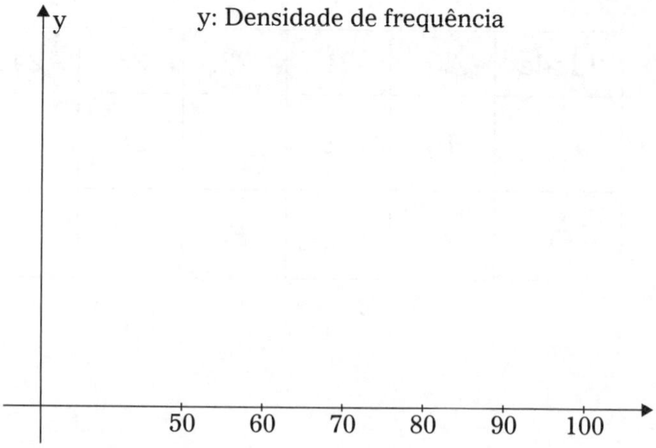

Lembre-se de que **y** é a altura de cada retângulo, cujas áreas são as frequências relativas em cada faixa.

Exemplo 10: em cada caso temos os valores de uma variável pesquisada. Determine a mediana (Me) e a moda (Mo) desses valores:

a) 2 , 4 , 5 , 7 , 7 , 9 , 11 , 15 , 21 , 23 , 27

Me = Mo =

b) 3 , 5 , 6 , 9 , 9 , 12 , 14 , 15 , 19 , 25 , 25 , 27

c) 28 , 1 , 7 , 27 , 21 , 13 , 10 , 21 , 25 , 20 , 27 , 18 , 11 , 9

d) 31 , 17 , 60 , 21 , 48 , 33 , 13 , 27 , 53 , 46 , 51 , 45

Exemplo 11: determine a média aritimética $(\overline{x})$, a variância (var.) e o desvio padrão (dp.) dos valores x_i de uma variável, dados estes valores.

Valores dados: 5, 7, 10, 12, 15, 23

Exemplo 12: João, Paulo e Roberto tinham que fazer 100 exercícios cada um, em 5 semanas, para uma prova bimestral. Na tabela abaixo estão registrados os números de exercícios que cada um fez por semana. Determine a variância (var.) e o desvio padrão (dp.) dos números de exercícios resolvidos semanalmente para cada estudante.

	1ª Sem.	**2ª Sem.**	**3ª Sem.**	**4ª Sem.**	**5ª Sem.**	**Total**
João	30	30	10	20	10	100
Paulo	20	20	20	20	20	100
Roberto	36	24	16	14	10	100

Exemplo 13: 50 alunos de uma classe, por ordem do número de chamada, responderam a um questionário com as seguintes perguntas: sexo (**F** se feminino e **M** se masculino), idade (**I**, em anos completos), altura (**h**, em metros), peso (**P**, em quilogramas), televisão (**TV**, números de horas, por semana, gastas vendo TV).

Os dados brutos obtido foram os seguintes:

Nº	Sexo	I	h	P	TV
1	F	20	1,56	52,5	16
2	M	23	1,79	69,0	5
3	M	22	1,87	94,0	14
4	F	24	1,63	61,0	10
5	F	25	1,82	68,0	8
6	F	24	1,65	60,0	17
7	M	23	1,62	78,0	9
8	F	24	1,54	57,0	1
9	M	26	1,70	72,5	15
10	F	22	1,63	82,0	7
11	M	24	1,75	74,0	13
12	M	25	1,85	84,0	22
13	F	24	1,68	58,0	6
14	F	25	1,58	53,0	10
15	M	26	1,72	61,0	18
16	F	24	1,63	62,0	7
17	M	24	1,78	77,5	11
18	F	22	1,81	72,0	0
19	F	24	1,69	68,5	10
20	F	25	1,62	60,5	6
21	M	23	1,71	79,5	13
22	F	24	1,75	61,5	10
23	M	23	1,91	98,0	7
24	F	24	1,79	72,4	9
25	F	27	1,71	62,5	14

Nº	Sexo	I	h	P	TV
26	M	25	1,78	78,8	9
27	M	22	1,85	89,5	5
28	M	24	1,60	79,5	11
29	F	26	1,63	64,8	18
30	F	25	1,65	61,4	13
31	F	22	1,59	54,0	4
32	F	24	1,74	55,5	6
33	M	23	1,88	85,5	2
34	F	24	1,77	65,5	10
35	M	20	1,64	86,0	5
36	F	24	1,66	63,5	15
37	F	26	1,73	69,0	17
38	M	27	1,89	95,0	11
39	F	24	1,75	78,4	3
40	F	25	1,62	52,0	9
41	M	24	1,86	82,5	14
42	F	23	1,74	72,5	19
43	F	24	1,69	64,5	13
44	M	25	1,78	81,0	7
45	F	24	1,72	68,0	9
46	M	23	1,93	92,0	21
47	F	24	1,64	56,5	11
48	M	25	1,76	69,8	5
49	M	25	1,78	88,0	8
50	M	24	1,75	74,5	12

a) Fazer uma tabela de frequência para a variável sexo. Faça também um diagrama circular (disco ou pizza) para esta variável.

Sexo	**n_i**	**f_i**
F		
M		
Total		

b) Fazer uma tabela de frequência para a variável idade, colocando também a coluna de frequência acumulada (f_{ac})

Idade	**n_i**	**f_i**	**f_{ac}**	**f_i**	**f_{ac}(%)**
20					
21					
22					
23					
24					
25					
26					
27					
Total					

Observação: quando for pedida a tabela de frequência, não é necessário colocar as duas colunas de f_i, uma em decimal e outra em porcentagem.

c) Fazer o gráfico de barras para a variável idade, nos casos:

I. Colocar a frequência absoluta no eixo das ordenadas.

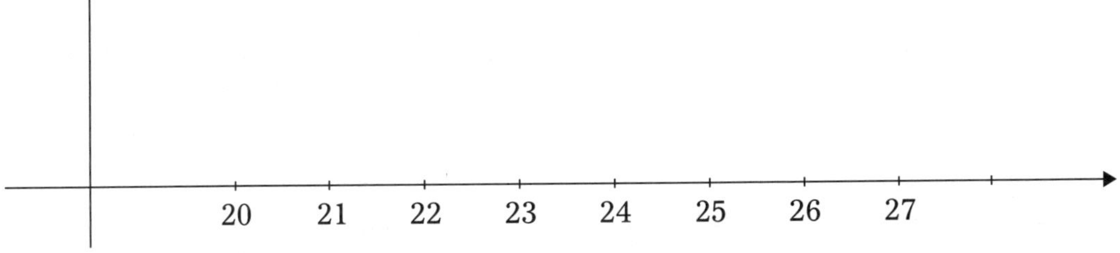

II. Colocar a porcentagem no eixo das ordenadas.

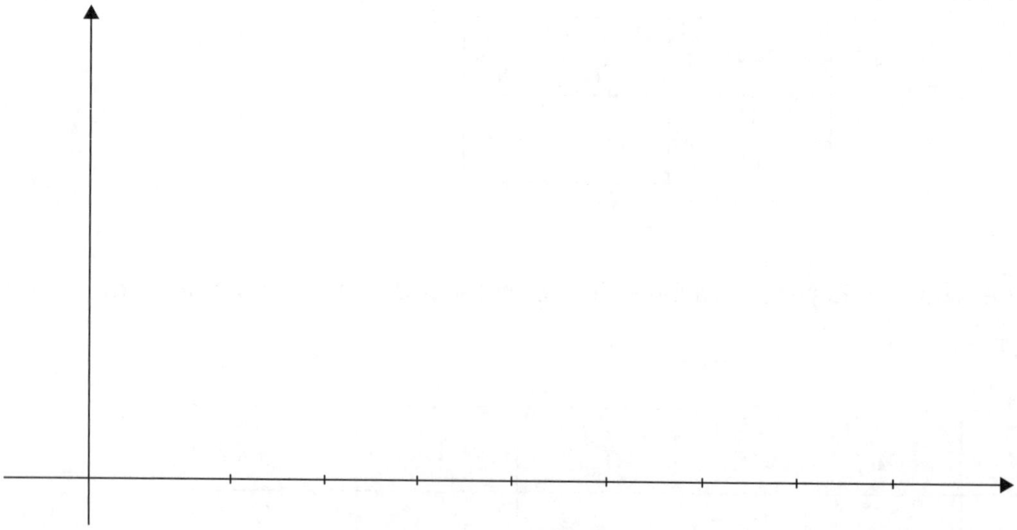

Os valores da variável altura variam entre 1,54 m e 1,93 m. Usando faixas de amplitude 10 cm, começando com 1,50 m, faça uma tabela de frequência para a variável altura.

Peso	n_i	f_i	f_{ac}
1,50 ⊢ 1,60			
1,60 ⊢ 1,70			
1,70 ⊢ 1,80			
1,80 ⊢ 1,90			
1,90 ⊢ 2,00			
Total			

e) Fazer um histograma para a variável altura. Lembre-se de que a base dos retângulos estão nas faixas de valores das variáveis e que a área de cada retângulo é a frequência relativa f_i.

Observação: não esqueça de incluir no topo de cada retângulo a porcentagem correspondente

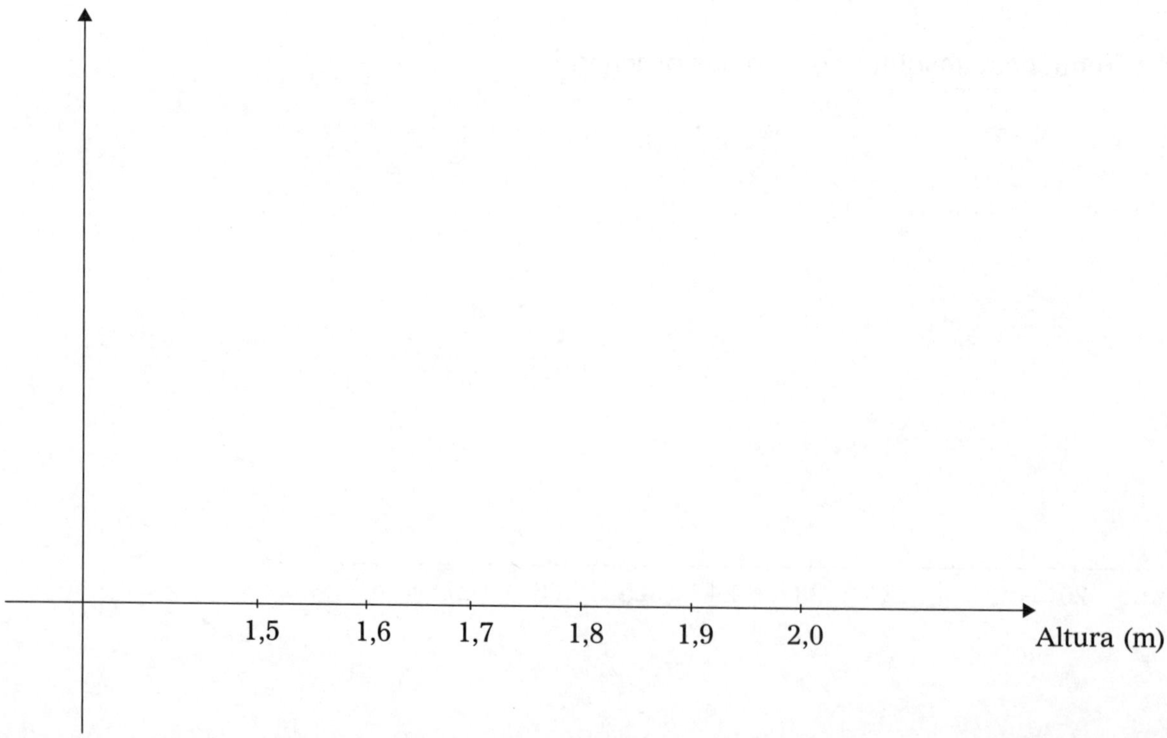

f) Os valores da variável peso variam entre 52 kg e 98 kg. Começando com 50 kg e usando faixas de amplitudes de 10 kg, faça uma tabela de frequência da variável peso e também o histograma para a mesma.

Peso			
$50 \vdash 60$			

Histograma para a variável peso

g) Embora a variável **TV** (número de horas, por semana, gastos assistindo TV) seja uma variável quantitativa discreta, usando faixas de amplitude 4 horas, começando com o **0**, faça como foi feito para a variável peso, a tabela de frequência para a variável TV e em seguida faça o histograma para a mesma.

TV	$\mathbf{n_i}$	$\mathbf{f_i}$	$\mathbf{f_{ac}}$
$0 \vdash 40$			

Histograma para a variável TV

Exemplo 14: dados três números reais $x_1, x_2,$ e x_3, mostre que $y = \sum_{i=1}^{3} (x_i - m)^2$ tem o valor mínimo para $m = \overline{x}$, isto é, quando $m = \dfrac{x_1 + x_2 + x_3}{3}$.

Resolução:

$$y = \sum_{i=1}^{3} = (x_i - m)^2 = (x_1 - m)^2 + (x_2 - m)^2 + (x_3 - m)2 \Rightarrow$$

$$y = x_1^2 - 2mx_1 + m^2 + x_2^2 - 2mx_2 + m^2 + x_3^2 - 2mx_3 + m^2 \Rightarrow$$

$$y = 3m^2 - 2(x_1 + x_2 + x_3)m + x_1^2 + x_2^2 + x_3^2 \Rightarrow$$

y é um trinômio do 2º grau em **m** , y = $am^2 + bm + c$, cujo valor mínimo, pois **a** é maior que zero, é quando $m = \dfrac{-b}{2a}$. Então:

$$m = \frac{-b}{2a} = \frac{-[-2(x_1 + x_2 + x_3)]}{2(3)} \Rightarrow \mathbf{m = \frac{x_1 + x_2 + x_3}{3}}$$

Exemplo 15: dados os números reais $x_1, x_2, ..., x_n$, mostre que o valor de **m** que minimiza a expressão

$$\sum_{i=1}^{n} (x_1 - m)^2 \text{ é } m = \frac{x_1 + x_2 + ... + n_n}{n}$$

Ou seja: o valor de m que minimiza a expressão é $m = \overline{x}$.

VI HIERÃO E APLICAÇÕES

Quando forem dados os três lados de um triângulo, podemos determinar, por Pitágoras, qualquer uma de suas alturas e então, também a sua área. Mas há uma fórmula, normalmente usada quando o seu perímetro é expresso por um número com um único "termo" (não por uma soma de irracionais), que nos permite calcular a área de um triângulo de uma forma bem mais rápida. É a fórmula de Hierão (Heron de Alexandria [10 dc – 70 dc])

Como na fórmula de Hierão vai aparecer o semiperímetro do triângulo, para ficar mais fácil a grafia, vamos indicar o perímetro de um triângulo por (2p) e o semiperímetro será (p).

1 – A fórmula:

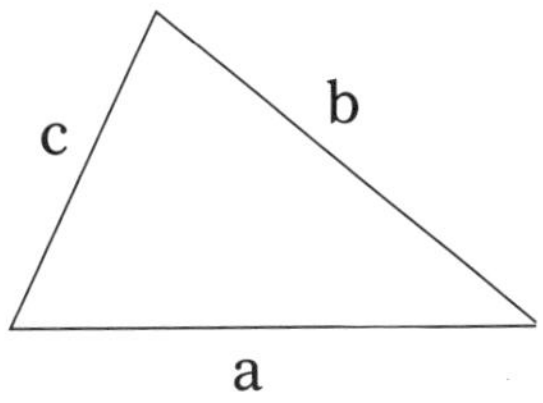

Sendo a, b e c as medidas dos lados de um triângulo, a sua área S será dada por:

$$S=\sqrt{p(p-a)(p-b)(p-c)}, \quad p=\frac{a+b+c}{2}$$

p é o semiperímetro do triângulo

Obs.: $a + b + c - 2c = a + b - c \Rightarrow a + b - c = a + b + c - 2c = 2p - 2c$

Acompanhe uma demonstração do Hierão usando $S=\frac{1}{2}bc \operatorname{sen}\theta$, a lei dos cossenos e $\operatorname{sen}^2\theta+\cos^2\theta=1$

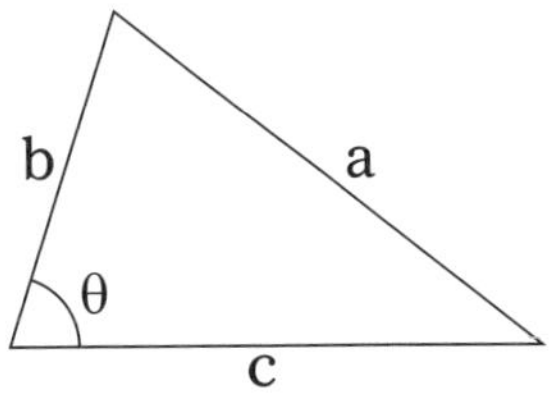

1) $\begin{cases} S=\frac{1}{2}bc \operatorname{sen}\theta \\ a^2=b^2+c^2-2bc\cos\theta \end{cases} \Rightarrow \begin{cases} \operatorname{sen}\theta=\frac{2S}{bc} \\ \cos\theta=\frac{b^2+c^2-a^2}{2bc} \end{cases}$

2) $\operatorname{sen}^2\theta+\cos^2\theta=1 \Rightarrow \left(\frac{2S}{bc}\right)^2+\left(\frac{b^2+c^2-a^2}{2bc}\right)^2=1\Rightarrow$

$$\frac{4S^2}{b^2c^2}+\frac{(b^2+c^2-a^2)^2}{4b^2c^2}=1 \Rightarrow 16S^2=4b^2c^2-(b^2+c^2-a^2)^2\Rightarrow$$

$$16S^2=[2bc+(b^2+c^2-a^2)][2bc-(b^2+c^2-a^2)]\Rightarrow$$

$$16S^2=[b^2+2bc+c^2-a^2][a^2-(b^2-2bc+c^2)]\Rightarrow$$

$$16S^2=[(b+c)^2-a^2][a^2-(b-c)^2]\Rightarrow$$

$$16S^2=(b+c+a)(b+c-a)(a+b-c)(a-b+c)\Rightarrow$$

$$16S^2=(a+b+c)(a+b+c-2a)(a+b+c-2c)(a+b+c-2b)\Rightarrow$$

$$16S^2=2p(2p-2a)(2p-2c)(2p-2b)\Rightarrow 16S^2=2p\cdot 2(p-a)\cdot 2(p-b)\cdot 2(p-c)\Rightarrow$$

$$S^2=p(p-a)(p-b)(p-c)\Rightarrow \boxed{S=\sqrt{p(p-a)(p-b)(p-c)}}$$

Exemplo1 : Determinar a área do triângulo, nos casos:

(Considerar o metro como a unidade das medidas indicadas na figura)

a)

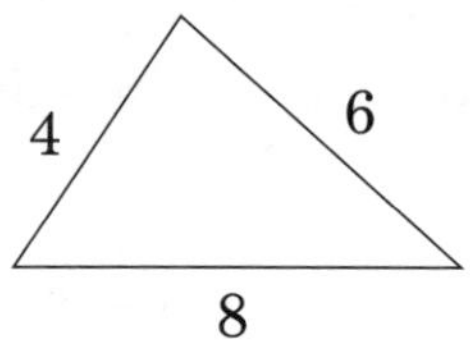

1) $p = \dfrac{a+b+c}{2} \Rightarrow p = \dfrac{4+6+8}{2} \Rightarrow \boxed{p = 9}$

2) $S = \sqrt{p(p-a)(p-b)(p-c)} \Rightarrow$

$S = \sqrt{9(9-4)(9-6)(9-8)} \Rightarrow S = \sqrt{9 \cdot 5 \cdot 3 \cdot 1} \Rightarrow \boxed{S = 3\sqrt{15}}$

---

b)

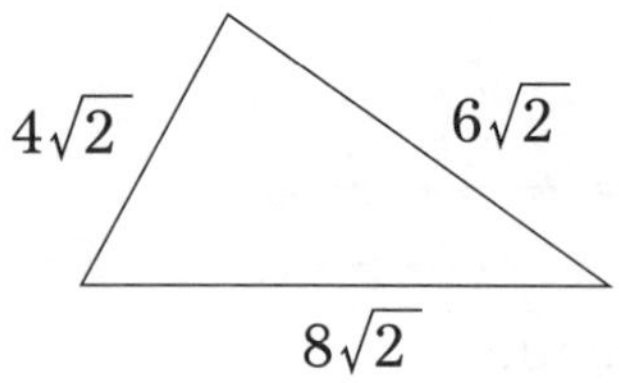

1) $p = \dfrac{a+b+c}{2} \Rightarrow p = \dfrac{4\sqrt{2} + 6\sqrt{2} + 8\sqrt{2}}{2} = 9\sqrt{2}$

2) $S = \sqrt{p(p-a)(p-b)(p-c)} \Rightarrow$

$S = \sqrt{9\sqrt{2}\,(9\sqrt{2} - 4\sqrt{2})(9\sqrt{2} - 6\sqrt{2})(9\sqrt{2} - 8\sqrt{2})} \Rightarrow$

$S = \sqrt{9\sqrt{2} \cdot 5\sqrt{2} \cdot 3\sqrt{2} \cdot 1\sqrt{2}} = 3 \cdot 2\sqrt{15} \Rightarrow \boxed{S = 6\sqrt{15}}$

Note que comparando os intens (a) e (b), a razão de semelhança é $\sqrt{2}$ e a razão das áreas é 2 (a razão das áreas é o quadrado da razão de semelhança.)

Exemplo 2: Determinar a área do triângulo cujas lados medem $2\sqrt{3}$ cm, $2\sqrt{13}$ cm e $4\sqrt{5}$ cm.

Resolução: Neste caso, se formos aplicar Hierão, vamos cair em expressões que ficam pior do que determinar uma das alturas primeiramente.

Observe, por exemplo, o semiperímetro $p = \sqrt{3} + \sqrt{13} + \sqrt{5}$.

É melhor assim:

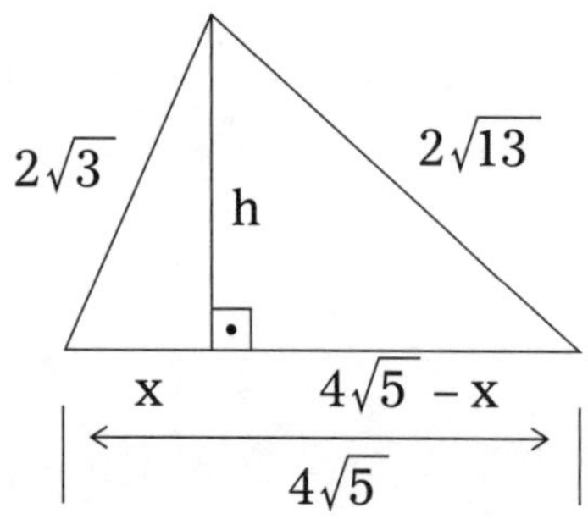

1) Cálcule de uma altura (por Pitágoras)

$$\begin{cases} h^2 + x^2 = (2\sqrt{3})^2 \\ h^2 + (4\sqrt{5} - x)^2 = (2\sqrt{13})^2 \end{cases}$$

$$\begin{cases} -h^2 - x^2 = -12 \\ h^2 + 80 - 8\sqrt{5}x + x^2 = 52 \end{cases}$$

$$80 - 8\sqrt{5}x = 40 \Rightarrow 8\sqrt{5}x = 40 \Rightarrow$$

$\sqrt{5}\,x = 5 \Rightarrow \boxed{x = \sqrt{5}} \Rightarrow h^2 + (\sqrt{5})^2 = (2\sqrt{3})^2 \Rightarrow h^2 + 5 = 12 \Rightarrow \boxed{h = \sqrt{7}}$

2) **Área do triângulo**: $S = \dfrac{4\sqrt{5} \cdot \sqrt{7}}{2} \Rightarrow \boxed{S = 2\sqrt{35}}$

Obs.: Um outro modo é determinar um ângulo pela lei dos cossenos, como veremos no próximo exemplo.

Exemplo 3: Determinar a área do triângulo com lados de 10 cm, 21 cm e 17 cm.

1º modo (Por Hierão) 1) $p = \dfrac{a+b+c}{2} = \dfrac{10+17+21}{2} \Rightarrow \boxed{p = 24}$

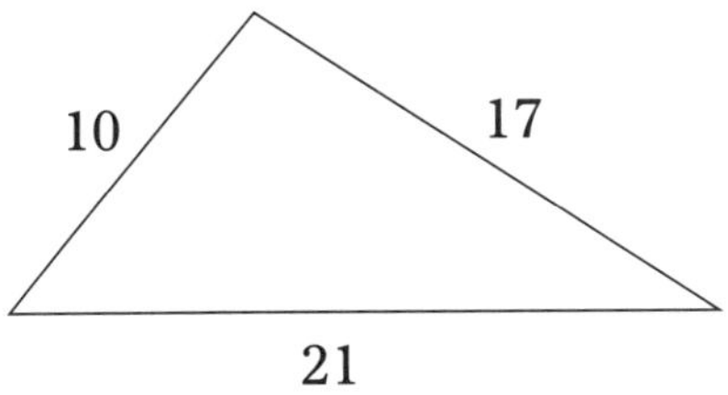

2) $S = \sqrt{p(p-a)(p-b)(p-c)}$

$S = \sqrt{24 \cdot (24-10)(24-17)(24-21)} = \sqrt{24 \cdot 14 \cdot 7 \cdot 3}$

$S = \sqrt{8 \cdot 3 \cdot 2 \cdot 7 \cdot 7 \cdot 3} \Rightarrow S = 4 \cdot 3 \cdot 7 \Rightarrow \boxed{S = 84}$

Obs.: Note que não multiplicamos os fatores dentro do radical e sim fatoramos, convenientemente, os fatores obtidos.

2º modo: (Determinando uma altura. No caso, a relativa ao 21)

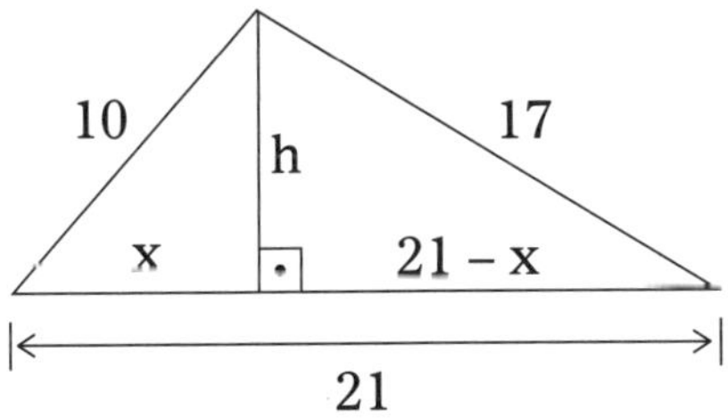

1) $\begin{cases} h^2 + x^2 = 102 \\ h^2 + (21-x)^2 = 17^2 \end{cases} \Rightarrow \begin{cases} -h^2 - x^2 = -100 \\ h^2 + 441 - 42x + x^2 = 289 \end{cases}$

$\Rightarrow 441 - 42x = 189 \Rightarrow 42x = 252 \Rightarrow \boxed{x = 6} \Rightarrow$

$h^2 + 6^2 = 10^2 \Rightarrow \boxed{h = 8}$

2) **Área do triângulo:** $S = \dfrac{21 \cdot 8}{2} \Rightarrow \boxed{S = 84}$

3º modo: (Determinando um ângulo (α) e aplicando o $\dfrac{1}{2}$ ab sen α)

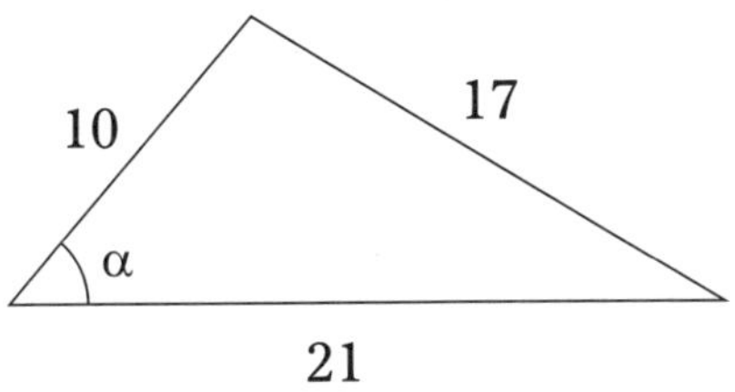

1) Cálculo de cos α (Lei dos cossenos)

$17^2 = 10^2 + 21^2 - 2 \cdot 10 \cdot 21 \cdot \cos\alpha \Rightarrow$

$289 = 100 + 441 - 420 \cos\alpha \Rightarrow 420 \cos\alpha = 252 \Rightarrow$

$210 \cos\alpha = 126 \Rightarrow 105 \cos\alpha = 63 \Rightarrow 35 \cos\alpha = 21 \Rightarrow$

$\Rightarrow 5 \cos\alpha = 3 \Rightarrow \boxed{\cos\alpha = \dfrac{3}{5}}$

Obs.: Determinado o cos α, podemos determinar a projeção de 10 sobre o 21 e determinar a altura por Pitágoras. E então determinar a área. Mas vamos por outro caminho.

2) Pela relação Pitagórica $\text{sen}^2\alpha + \cos^2\alpha = 1$, vamos determinar sen$\alpha$.

$\text{sen}^2\alpha + \left(\dfrac{3}{5}\right)^2 = 1 \Rightarrow \text{sen}^2\alpha = 1 - \dfrac{9}{25} \Rightarrow \text{sen}^2\alpha = \dfrac{16}{25} \Rightarrow \boxed{\text{sen}\alpha = \dfrac{4}{5}}$

3) Área do triângulo: $S = \dfrac{1}{2} ab \ \text{sen}\alpha \Rightarrow S = \dfrac{1}{2} \cdot 21 \cdot 10 \cdot \dfrac{4}{5} \Rightarrow$

$S = 21 \cdot 4 \Rightarrow \boxed{S = 84}$

Obs.: Note que o modo mais rápido é por Hierão, mas saber outros modos ajuda muito no desenvolvimento da acuidade para encontrar, muitas vezes, um modo mais rápido para resolver um problema.

245 Determinar por Hierão as áreas dos seguintes triângulos:

a)

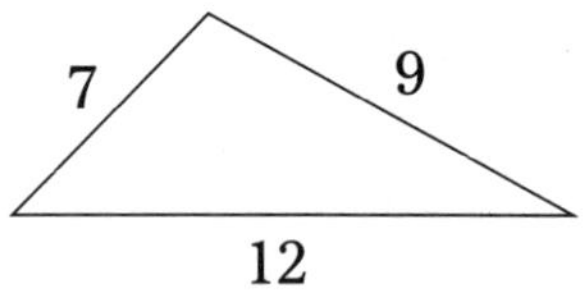

b)

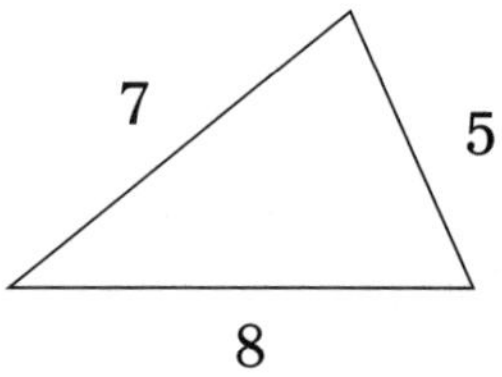

c)

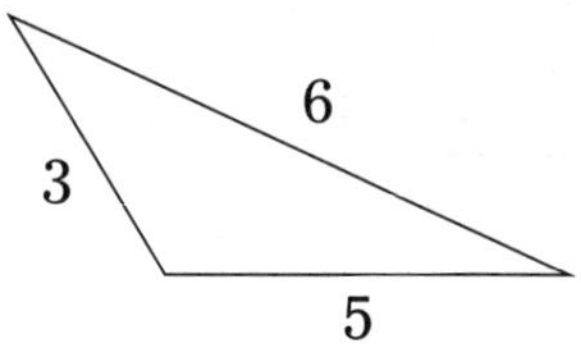

d)

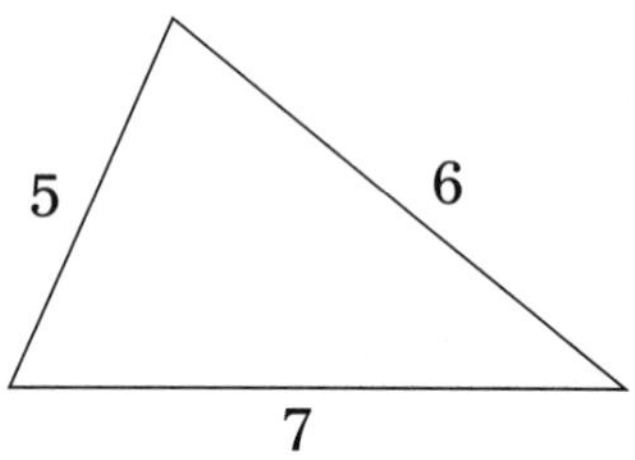

246 Determinar a área do triângulo, dadas as medidas dos lados, nos casos:

a) 10 cm, 12 cm, 14 cm

b) 6 cm, 11 cm, 13 cm

c) 11 cm, 8 cm, 13 cm

247 Determinar as alturas do triângulo dados os lados, nos casos

a) 4 cm, 6 cm e 8 cm

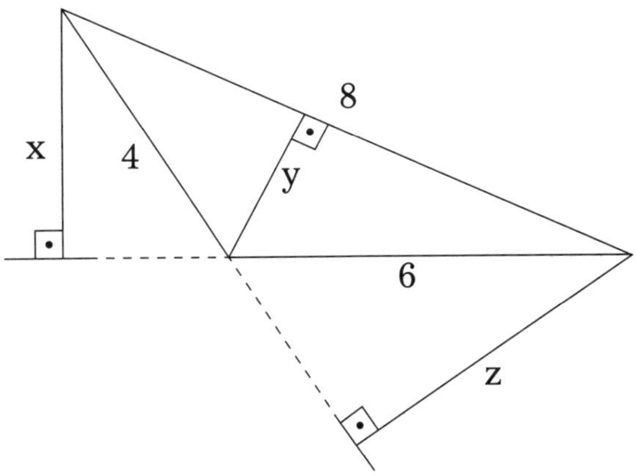

---

b) 12 cm, 14 cm, 16 cm

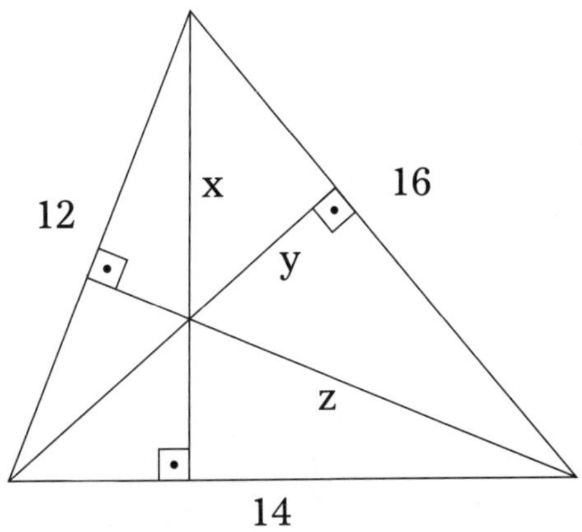

248 Determinar a área do triângulo de lados 13 cm, 14 cm e 15 cm do modo pedido.

a) Por Hierão

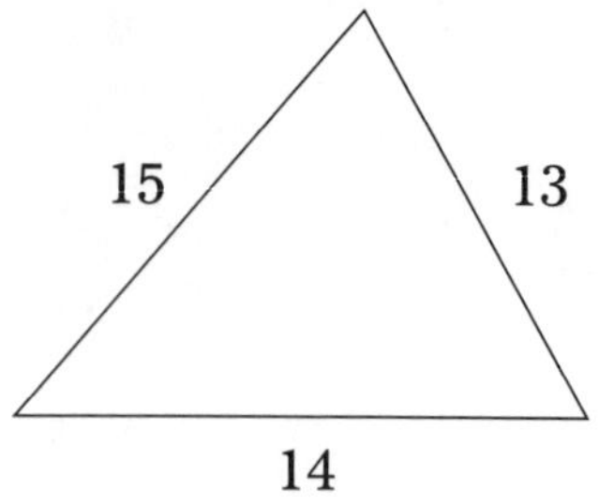

---

b) Determinando, por Pitágoras, a altura relativa ao lado de 14 cm.

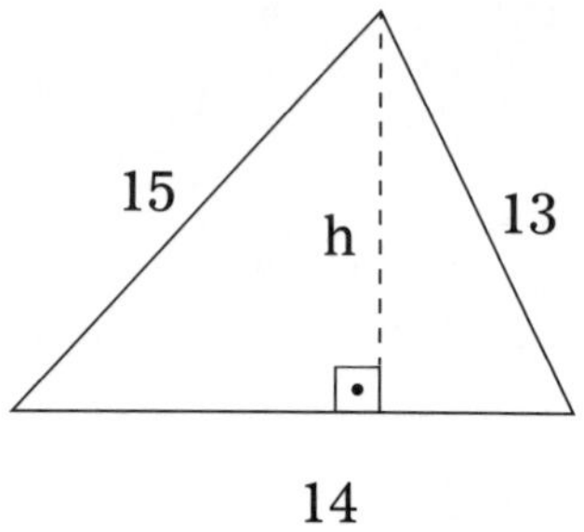

---

c) Determinando o $\cos\alpha$, $\operatorname{sen}\alpha$ e aplicar $\frac{1}{2}$ ab $\operatorname{sen}\alpha$ para determinar a área, onde α é o oposto ao lado de 13 cm.

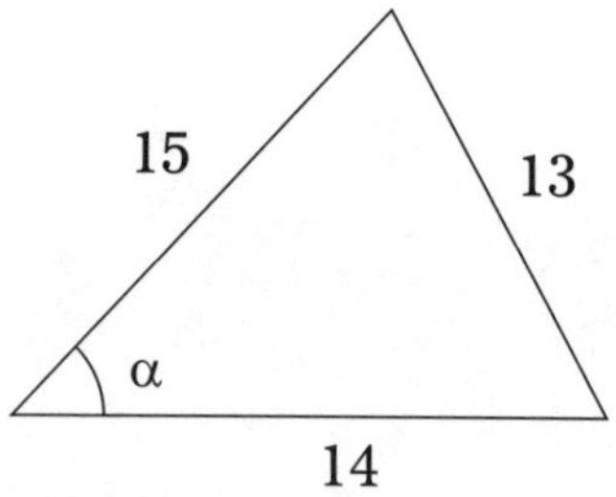

249 Determinar a área de um triângulo equilátero de lado 12 cm.

a) Por Hierão

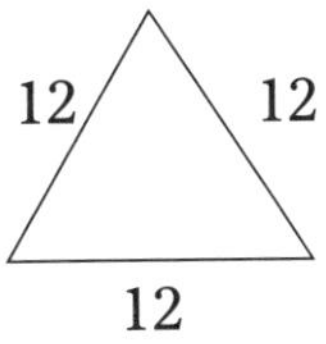

b) Usando a fórmula $S = \dfrac{a^2\sqrt{3}}{4}$

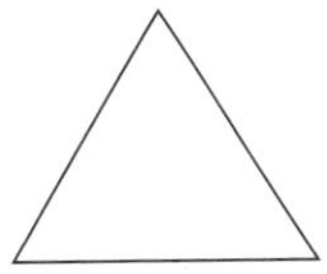

250 Determinar a área de um triângulo isósceles com lados de 10 cm, 10 cm e 12 cm.

a) Por Hierão

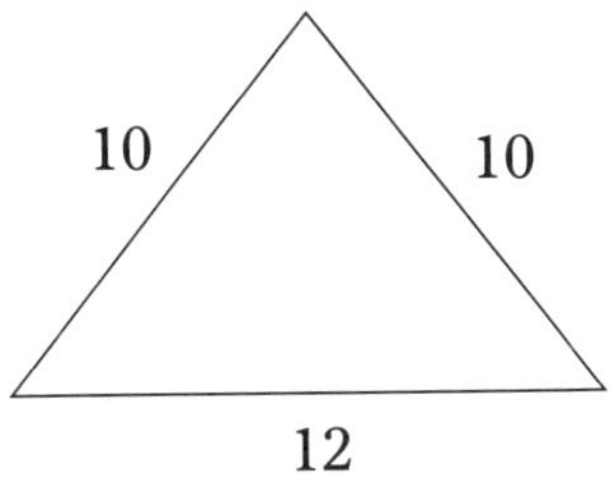

b) Determinando por Pitágoras a altura relativa à base.

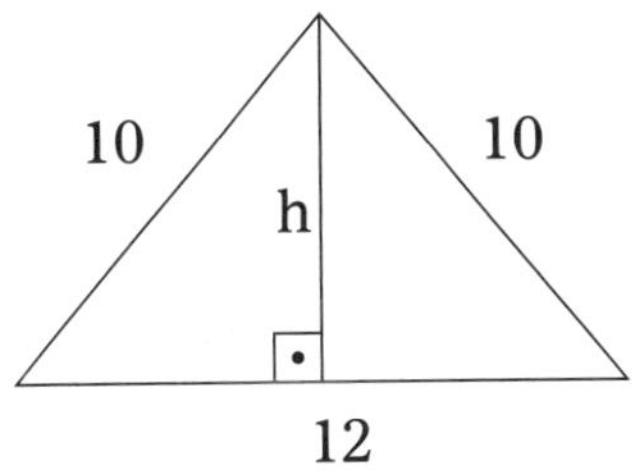

251 Determinar a área de um paralelogramo com lados de 7 cm e 10 cm e uma diagonal com 9 cm

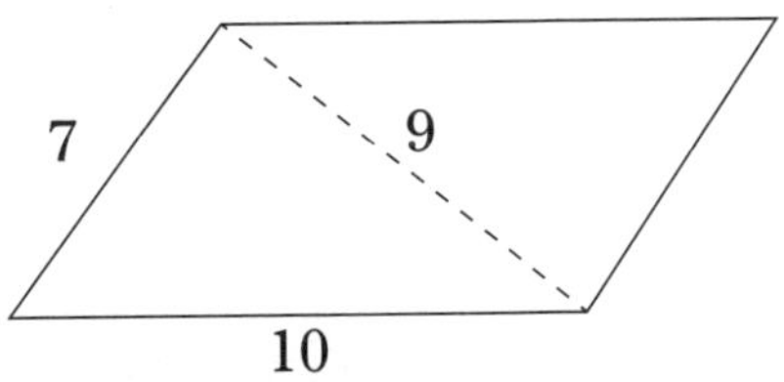

252 Os catetos de um triângulo retângulo medem 6 cm e 8 cm. Determinar a sua área

a) Lembrando que a altura relativa a um lado que é cateto, é o outro cateto

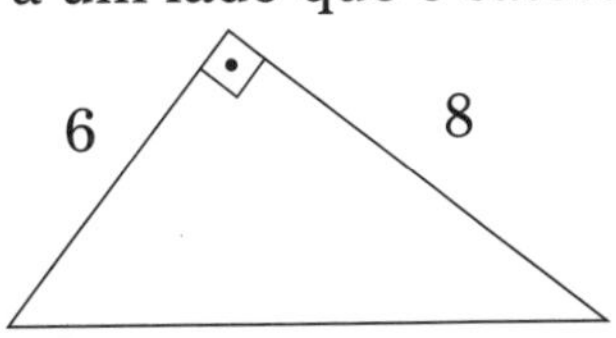

b) Determinando primeiramente a hipotenusa e aplicar Hierão.

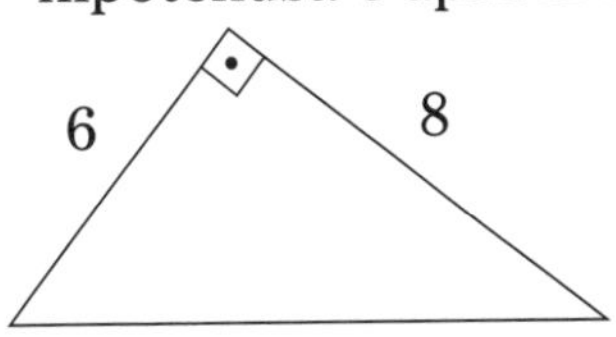

Resp: **245** a) $14\sqrt{5}$ b) $10\sqrt{3}$ c) $2\sqrt{14}$ d) $6\sqrt{6}$ **246** a) $24\sqrt{6}$ b) $6\sqrt{30}$ c) $8\sqrt{30}$

247 a) $\sqrt{15}$ cm, $\frac{3}{2}\sqrt{15}$ cm, $\frac{3}{4}\sqrt{15}$ cm b) $3\sqrt{15}$ cm, $\frac{21}{8}\sqrt{15}$ cm, $\frac{7}{2}\sqrt{15}$ cm

253 Determinar a área de um trapézio cujas bases medem 7 e 12 e os lados oblíquos 9 e 6.

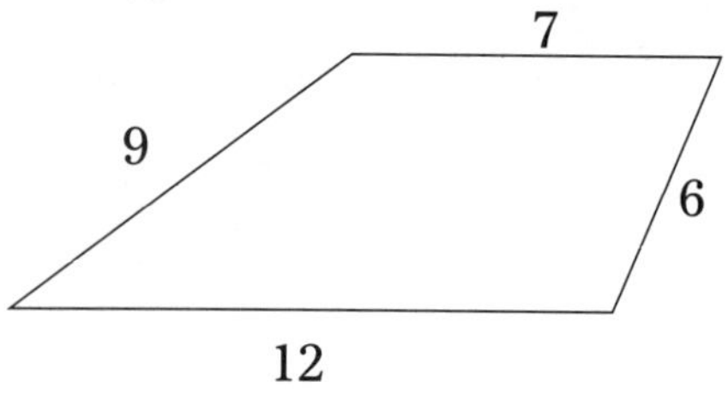

---

254 Determinar a área de um trapézio com base de 2 cm e 12 cm e diagonais com 6 cm e 10 cm (BD = 6 e AC = 10).

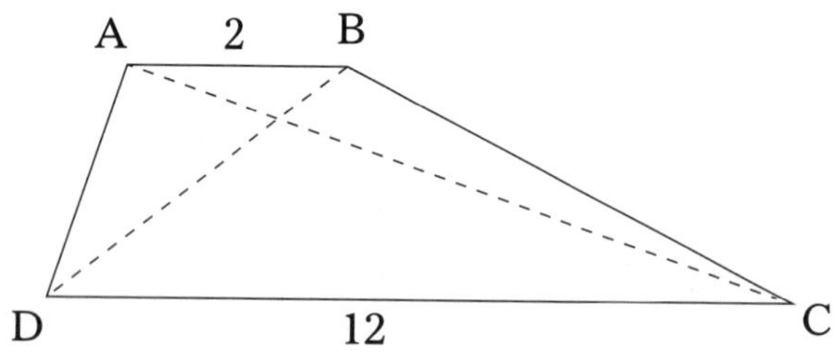

2 – Raio da circunferência inscrita

A relação entre a área **S**, o semiperímetro **P** , de um triângulo, e o raio r da circunferência inscrita neste triângulo é S = p. r.

Então, sabendo as medidas dos lados de um triângulo qualquer, determinamos a sua área, pode ser por Hierão, e com essa relação determinamos o raio.

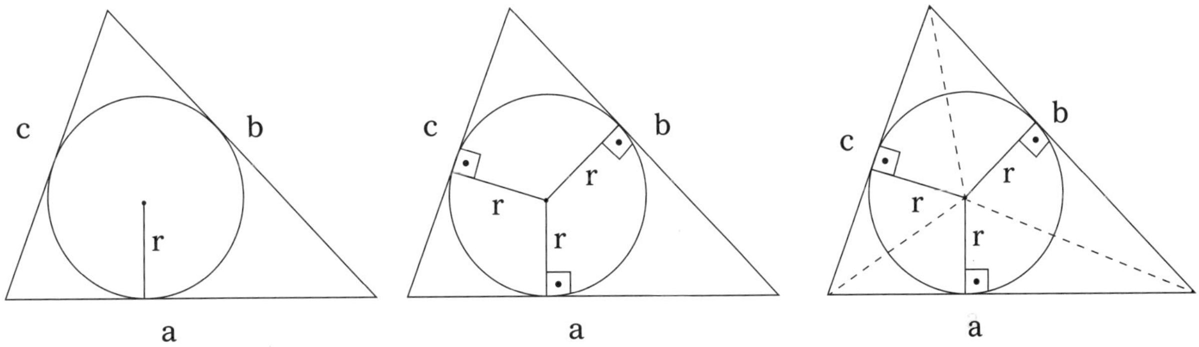

Unimos o centro do círculo aos vértices do triângulo, decompondo o triângulo em 3 triângulos com lados **a**, **b** e **c** e alturas relativas iguais a **r**. Note que a área **S** do triângulo original é a soma das áreas dos triângulos obtidos. Então:

$$S = \frac{ar}{2} + \frac{br}{2} + \frac{cr}{2} \Rightarrow S = \frac{a+b+c}{2} \cdot r \Rightarrow \boxed{S = pr}$$

3 – Raio da circunferência circunscrita

A relação entre a área **S**, os lados **a**, **b** e **c**, de um triângulo, e o raio **R** da circunferência circunscrita é $S = \frac{abc}{4R}$.

Então, sabendo as medidas dos lados de um triângulo qualquer, determinamos a sua área , pode ser por Hierão, e com essa relação, determinamos o raio.

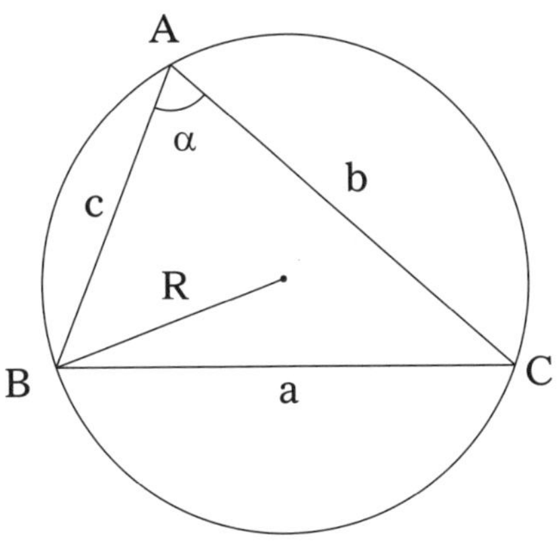

1) Da lei dos senos sabemos que:

$$\frac{\alpha}{\text{sen}\alpha} = 2R \Rightarrow \boxed{\text{sen}\alpha = \frac{a}{2R}}$$

2) Como a área S do triângulo é dada por

$S = \frac{1}{2}bc \ \text{sen}\alpha$ obtemos

$$S = \frac{1}{2}bc \cdot \frac{a}{2R} \Rightarrow \boxed{S = \frac{abc}{4R}}$$

Obs.: As fórmula S = pr e $S = \frac{abc}{4R}$ são, normalmente, usadas para o cálculo dos raios, e não das áreas.

Resp: **248** a) 84 cm^2 b) h = 12 cm, A = 84 cm^2 c) $\cos\alpha = \frac{3}{5}, \text{sen}\alpha = \frac{4}{5}$, A = 84 cm^2 **249** $36\sqrt{3}\ cm^2$

250 48 cm^2 **251** $12\sqrt{26}\ cm^2$ **252** 24 cm^2

Exemplo: Os lados de um triângulo medem 7 cm, 8 cm e 9 cm. Determinar a área **S** dele e também **r** e **R**, os raios, respectivamente, das circunferências inscrita e circunscrita ao triângulo.

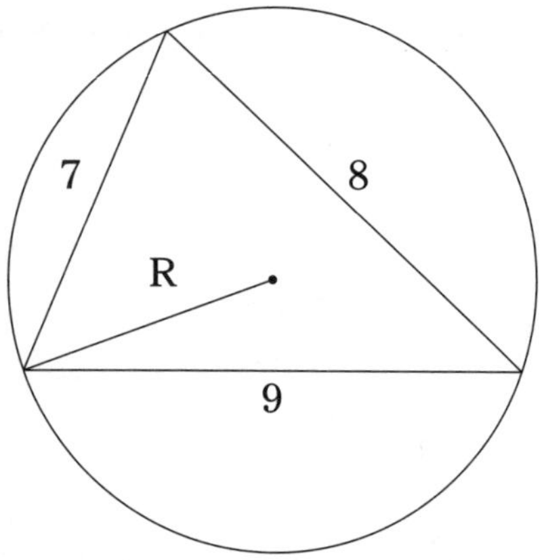

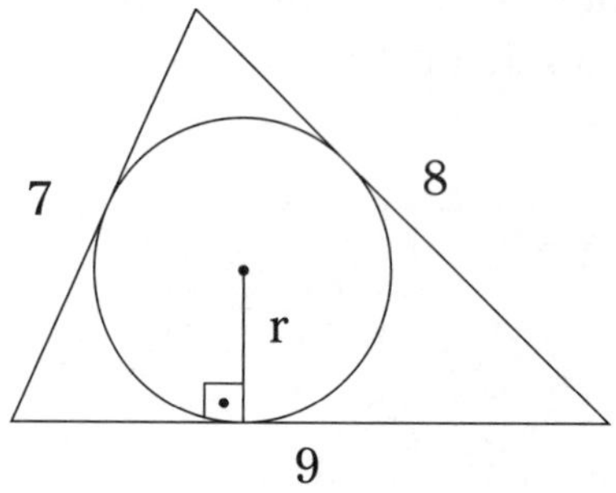

1) Lembre-se de que

$$S = \sqrt{p(p-a)(p-b)(p-c)}$$

$$S = pr$$

$$S = \frac{abc}{4R}$$

1) $p = \frac{7+8+9}{2} \Rightarrow p = 12 \Rightarrow S = \sqrt{12 \cdot 5 \cdot 4 \cdot 3} \Rightarrow \boxed{S = 12\sqrt{5}}$

2) $S = pr \Rightarrow 12\sqrt{5} = 12r \Rightarrow \boxed{r = \sqrt{5}}$

3) $S = \frac{abc}{4R} \Rightarrow 12\sqrt{5} = \frac{7 \cdot 8 \cdot 9}{4R} \Rightarrow 12\sqrt{5} = \frac{7 \cdot 2 \cdot 9}{R} \Rightarrow R = \frac{7 \cdot 2 \cdot 9}{12\sqrt{5}} \Rightarrow$

$R = \frac{7 \cdot 3}{2\sqrt{5}} \Rightarrow R = \frac{21\sqrt{5}}{2 \cdot 5} \Rightarrow \boxed{R = \frac{21\sqrt{5}}{10}}$

Resposta: $S = 12\sqrt{5}\ cm^2, r = \sqrt{5}\ cm$ e $R = \frac{21\sqrt{5}\ cm}{10}$

255 Determinar o raio da circunferência inscrita e o raio da circunferência circunscrita a um triângulo de lados com 4 cm, 7 cm e 9 cm.

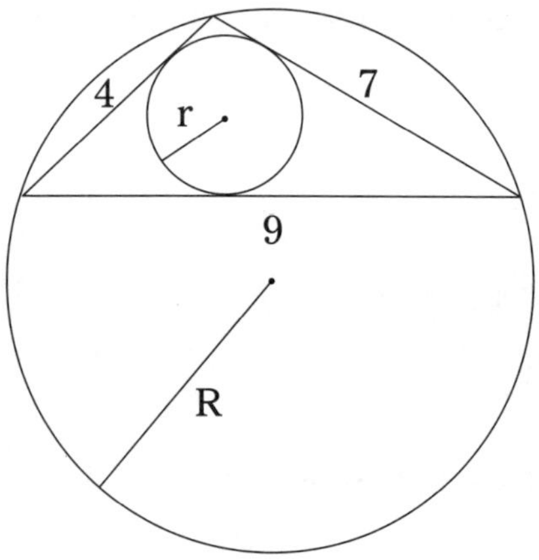

256 Determinar os raios das circunferências inscrita e circunscrita a um triângulo com lados de 10 cm, 12 cm e 14 cm.

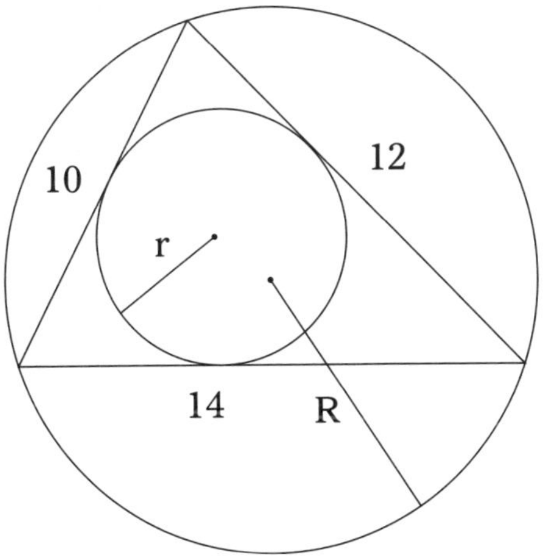

257 Os lados de um triângulo medem 6 cm, 7 cm e 11 cm, determinar o raio da circunferência inscrita e o raio da circunferência circunscrita a esse triângulo.

Resp: **253** $38\sqrt{2}$ **254** $15\sqrt{3}\ cm^2$

258 As fórmulas S = pr e $S = \frac{abc}{4R}$ podem ser usadas em qualquer triângulo, mas normalmente as usamos em triângulo qualquer (triângulo não isosceles e não retângulo). Podemos usá-las para o cálculos de r e R no triângulo equilátero, mas como o incentro e circuncentro do triângulo equilátero é também o baricentro, podemos determinar **r** e **R** por $r = \frac{1}{3}h$ e $R = \frac{2}{3}h$, pois **h** é também mediana. Sabemos que a altura **h** e a área **S** de um triângulo equilátero de lado **a** são dadas por $h = \frac{a\sqrt{3}}{2}$ e $S = \frac{a^2\sqrt{3}}{4}$.

Determinar o raio r (inscrita) e o raio R (circunscrita) no triângulo equilátero, de acordo com o modo pedido, nos casos:

a) O lado mede 6 cm.

I) Usando propriedade do baricentro.

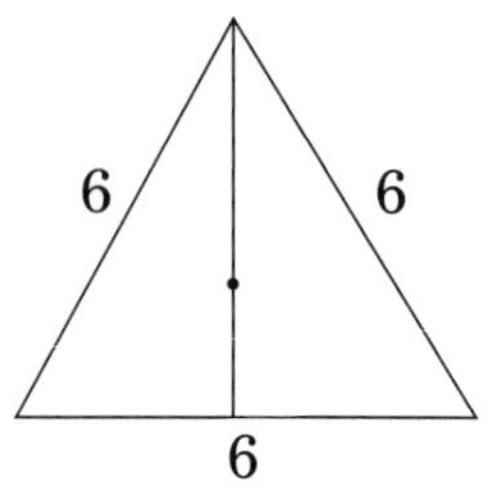

II) Usando S = pr e $S = \frac{abc}{4R}$

b) O lado mede $6\sqrt{3}$ cm.

I) Usando propriedade do baricentro.

II) Usando S = pr e $S = \frac{abc}{4R}$

259 No caso do triângulo retângulo, lembre-se de que ele está inscrito em uma semicircunferência. Então a hipotenusa é o diâmetro da circunferência circunscrita ao triângulo. Dados os catetos de um triângulo retângulo, determinar o raio da circunferência circunscrita a ele, nos casos:

a) 6 cm e 8 cm

I) Pensando na circunferência circunscrita.

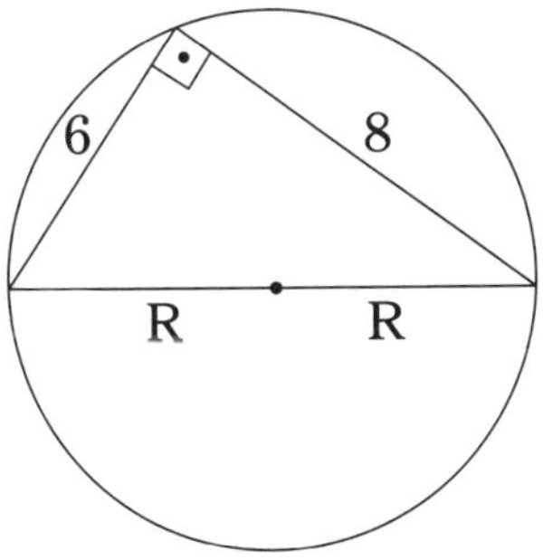

II) Usando $S = \frac{abc}{4R}$

b) 16 cm e 30 cm

260 Para o caso da circunferência inscrita no triângulo retângulo, podemos determinar o raio usando a propriedade dos segmentos tangentes ou usar S = pr. Dados os catetos, de 5 cm e 12 cm, determinar o raio da circunferência inscrita nele.

I) Usando a propriedade do segmentos tangentes.

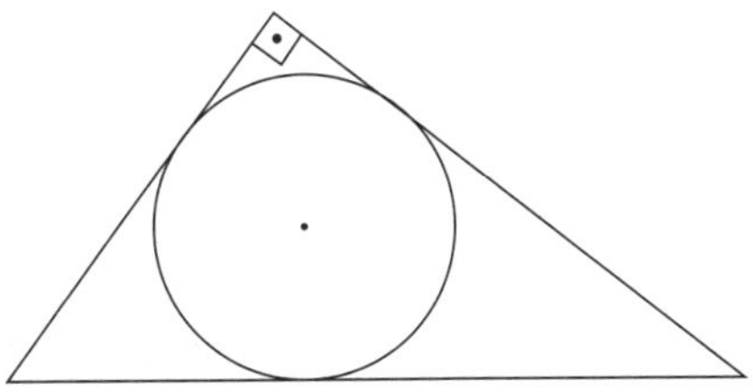

II) Usando S = pr

Resp: **255** $\frac{3\sqrt{5}}{5}$ cm e $\frac{21\sqrt{5}}{10}$ cm **256** $\frac{4\sqrt{6}}{3}$ cm e $\frac{35\sqrt{6}}{12}$ cm **257** $\frac{\sqrt{10}}{2}$ cm, $\frac{77\sqrt{10}}{40}$ cm

261 Determinar, pelos dois modos (segmentos congruentes e $S = pr$) o raio da circunferência inscrita em um triângulo retângulo cujos catetos medem 7 cm e 24 cm.

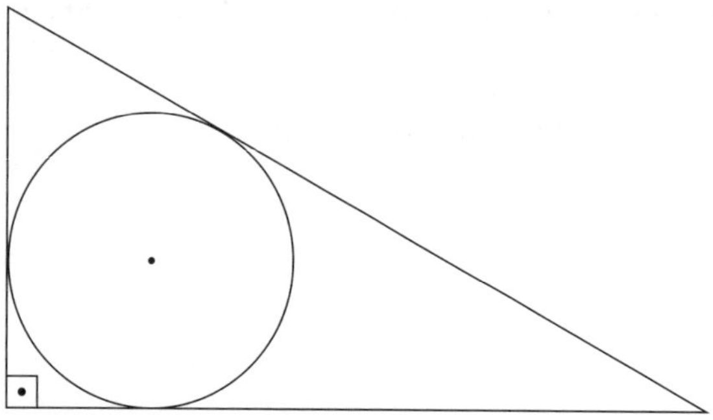

262 Para o caso do triângulo isósceles, sabendo a base e a altura relativa, o melhor modo para determinar o raio da circunferência circunscrita é o Pitágoras, mas podemos também usar $S = \frac{abc}{4R}$, para isso temos que determinar os lados e a área.

Determinar o raio da circunferência circunscrita a um triângulo isósceles de base 8 cm e altura relativa também 8 cm.

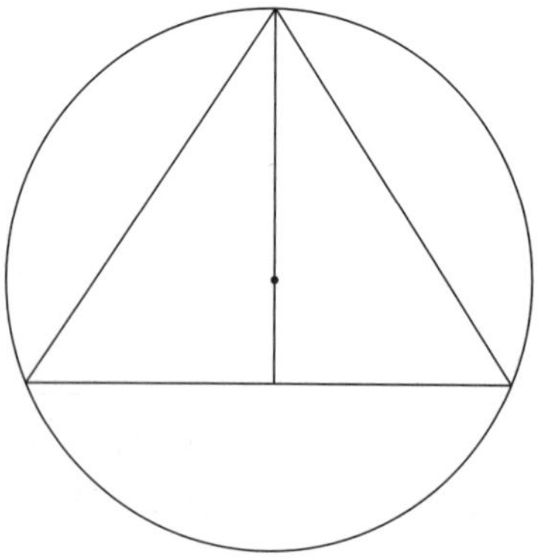

I) Por Pitágoras

II) Usando $S = \frac{abc}{4R}$

263 Os lados de um triângulos isósceles medem 24 cm, $6\sqrt{13}$ cm e $6\sqrt{13}$ cm. Determinar o raio da circunscrita dos dois modos $\left(\text{Pitágoras} \quad \text{e} \quad S = \frac{abc}{4R}\right)$.

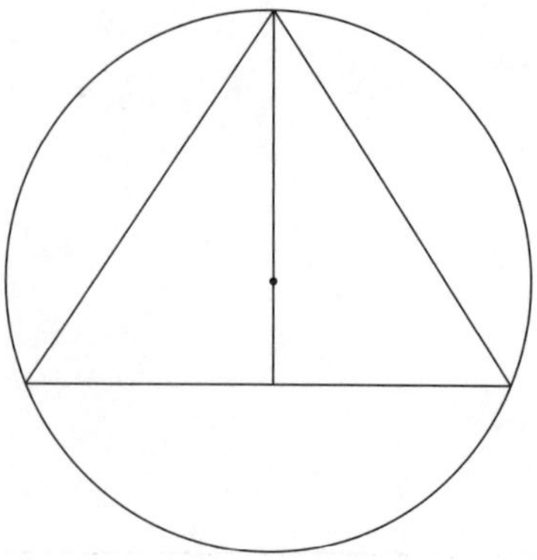

264 Os lados de um triângulos isósceles medem 12 cm, $2\sqrt{10}$ cm e $2\sqrt{10}$ cm. Determinar o raio da circunscrita dos dois modos $\left(\text{Pitágoras e } S = \dfrac{abc}{4R}\right)$.

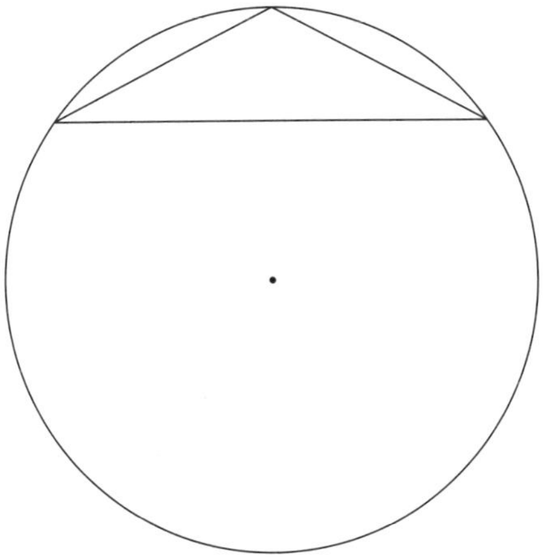

265 Para calcular o raio da circunferência inscrita em um triângulo isósceles, o melhor modo é semelhança de triângulos, mas pode-se também fazer po Pitágoras e S = pr. Determinar o raio da circunferência inscrita em um triângulo isósceles cujos lados medem 12 cm, 10 cm e 10 cm. Faça o que se pede

I) Comece calculando a altura relativa à base.

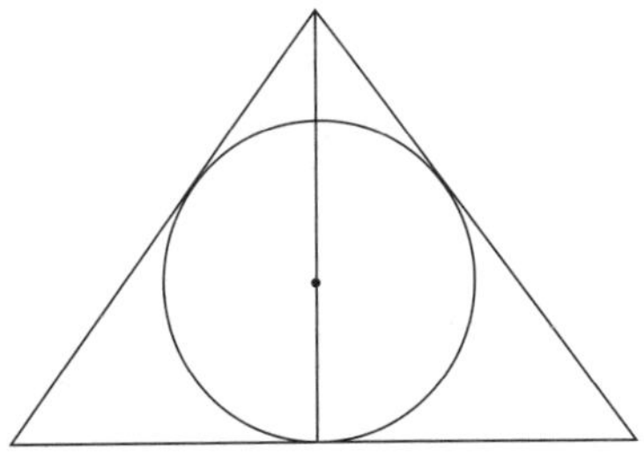

II) Determinar **r** por semelhança.

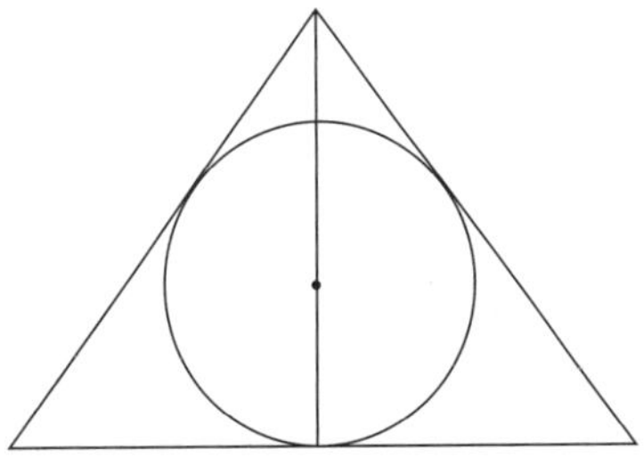

III) Determinar **r** por Pitágoras

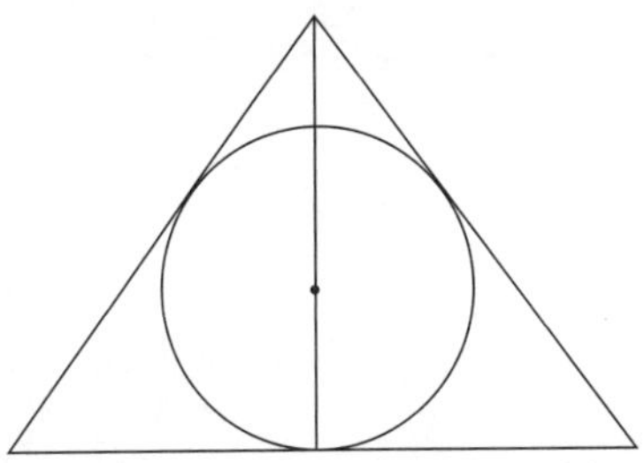

IV) Determinar **r** por S = pr

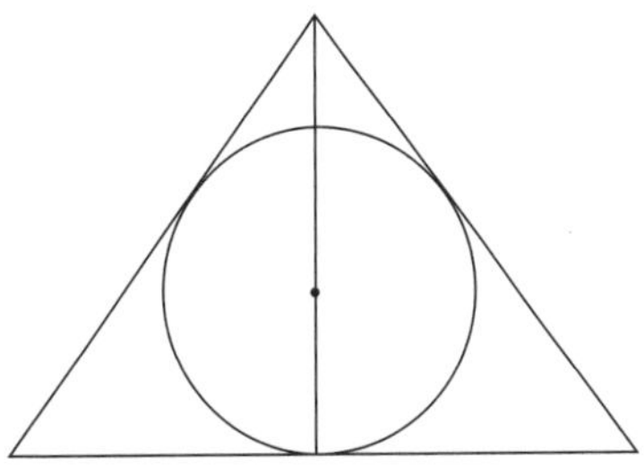

Resp: **258** a) $\sqrt{3}$ cm e $2\sqrt{3}$ cm b) 3 cm e 6 cm **259** a) 5 cm b) 17 cm **260** 2 cm

266 A base de um triângulo isósceles mede 30 cm e o raio do círculo inscrito nele mede 10 cm. Determinar a altura relativa à base e o lado oblíquo à base , dos modos pedidos

I) Por semelhança de triângulos

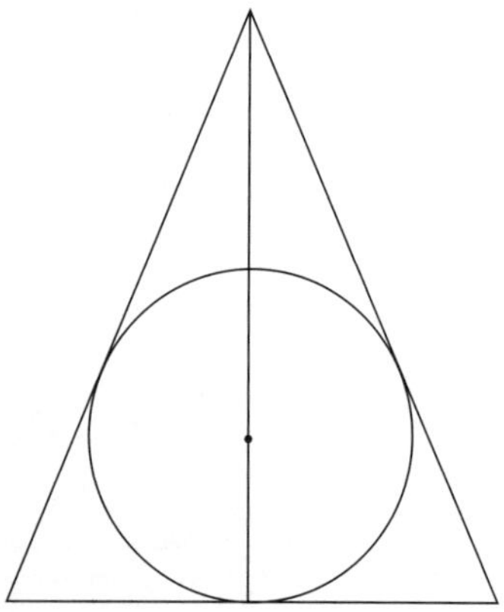

II) Por S = pr e Pitágoras

Resp: **261** 3 cm **262** 5 **263** 13 cm **264** 10 cm **265** I) h = 8 II) r = 3 III) r = 3 IV) r = 3
266 36 cm e 39 cm